Oberndorf

FASNET IM VIERERBUND

G. Danner . B. Fackler . W. Hecht . R. Rammelt

GASTHOF

FASNET IM VIERERBUND

G. Danner . B. Fackler . W. Hecht . R. Rammelt

Verlag Stadler

STADLER 1815

EIN MARKANTES BEGRIFFSPAAR: DER „SCHUTTIG" UND DIE FASNET IN ELZACH.

„LIEBLICH-HEITER" SPRINGT DER „HANSEL" DURCH OBERNDORFS FASNET.

DIE ROTTWEILER FASNET HAT DAS „GSCHELL" GEPRÄGT.

IN ÜBERLINGEN STEHT DIE FASNET
IM ZEICHEN DES „HÄNSELE".

INHALT:

Elzach
Oberndorf
Rottweil
Überlingen

Rechts Narrendarstellung auf einem Konsolstein im Heilig Kreuz-Münster in Rottweil (ca. 1495).
Rechts oben Arlechino aus der Commedia dell'arte (17. Jahrhundert).
Rechts unten „Schalksnarr" nach Jost Amman (1568).

VON WINFRIED HECHT

WAS IST FASNET?

Fasnet oder Fastnacht ist ein älterer Ast an jenem bejahrten „Baum", der auch die jüngeren Zweige „Karneval" und „Fasching" hervorgebracht hat und – um im Bild zu bleiben – fast auf der ganzen Welt seinen Schatten wirft. Das schwäbisch-alemannische Wort Fasnet leitet sich zweifellos her von „Fastnacht" und bezeichnet nach dem kirchlichen Kalender die Tage vor der vorösterlichen Fastenzeit und genauer bis Aschermittwoch. Von daher ist die Fasnet sicher von theologischem Gedankengut her verstanden oder gedeutet worden, wie es sich im ersten Korinther-Brief des Apostels Paulus und vor allem beim Kirchenvater Augustinus findet, wenn der Gottesstaat dem Reich des Fürsten dieser Welt gegenübergestellt wird.

Eine solche Sichtweise wurde zu einem regelrechten Kampf der Fastnacht mit der Fastenzeit hochstilisiert. Damit ließen sich übermäßiges Essen und Trinken, aber auch Eitelkeit und Fleischeslust unschwer zur Fasnet in Beziehung setzen, womit ab Aschermittwoch ja dann wirklich Schluss sein sollte. Der Narr, den es schon in der Antike gegeben hat, wird so mit Schellen, Narrenzepter, Eselsohren und Fuchsschwanz zunächst einer, der sich gegen das Fasten und außerhalb aller kirchlich-christlichen Ordnung stellt.

Das „Lob der Torheit" eines Erasmus von Rotterdam deutete im 16. Jahrhundert nach Sebastian Brant und Thomas Murner freilich schon eine andere, weniger eindeutig wertende Richtung an. Unser schwäbischer Landsmann Abraham a Santa Clara schaffte danach 1703 mit dem Rückgriff auf das Paulus-Wort „Wir seind Narren umb Christi willen" den Zugang zu noch positiveren Dimensionen der Narretei. Den immer noch langen Weg hin zum sympathischen Spaßvogel unserer Tage erkennt bei den heutigen Narren allerdings nur, wer sich die Mühe macht, auch weiter genauer hinzusehen, emsig zu studieren, was in Fasnetsdingen nicht jedermanns Sache sein soll.

In der Fasnet sind aber auch andere Traditionsstränge lebendig, wobei durchaus nicht wie vor allem im Dritten Reich die „alten" Germanen zu bemühen sind. Stattdessen kann man an spätwinterliche Frühjahrsfeste denken, wie sie bereits vielerorts in der Antike gefeiert wurden, etwa an die Lupercalien oder die am 17. Februar gefeierten feriae stultorum in Rom. Auch auf den 867 in Byzanz verbotenen Umritt eines Narrenpatriarchen auf einem Esel kann man aufmerksam werden oder auf Praktiken, wie sie bei den Schamanen und anderen „Naturvölkern" praktiziert wurden. Und nicht nur das.

Arlecchino (1671)

Narrenzunft

Links Seit Generationen organisiert ist die Fasnet der Viererbund-Städte in den traditionsreichen Narrenzünften. Und diese haben es inzwischen zu Hausbesitz gebracht.

Seit dem Hochmittelalter spielten Lustbarkeiten eine Rolle, wie sie bei Hof, in den Zunftstuben der Städte oder unter den Vereinigungen junger Männer üblich waren. Mit der Verbreitung italienischer Theatertradition hat die Commedia dell'arte im Barock die Fasnet in Oberdeutschland nachhaltig beeinflusst. Dass sie jedoch beispielsweise in den Städten des heutigen Viererbundes überhaupt überlebte, hat mit der vor 1800 jeweils geschlossenen katholischen Konfession ihrer Bevölkerung zu tun.

Im 19. Jahrhundert wurde die Fasnet vielfach nicht nur historisierend dargestellt, sondern ebenso verstanden. Zweifellos hat man sie nun auch in mancher Hinsicht nach bürgerlichen Vorstellungen „bereinigt". Dem Kontakt zu „Prinz Karneval" ist sie als „Schönheit vom Lande" nicht immer verschämt oder gar zerknirscht aus dem Weg gegangen. Inzwischen wird sie beispielsweise unter Kategorien wie „Sozialhygiene" oder „Rollenexperiment", aber auch beim Stichwort „Marketing" als „Tourismus-Highlight" gesehen. Dagegen haben konfessionell bedingte Einschränkungen ihr Gewicht weitgehend verloren, bei den Narren etwas später und glücklicherweise ebenso der Migrationshintergrund unterschiedlicher Art. Viele spüren, Fasnet hat heute nicht zuletzt mit Heimat und Geborgenheit zu tun. Und fühlen sich damit wohl.

Illusion wäre wahrscheinlich die Annahme, in unseren Tagen hätte die Fasnet endlich ihre jeweils lokal „gültige" Form gefunden. Vielmehr steht außer Zweifel, dass sie sich weiterentwickeln wird. Sprache und Mode etwa haben sie zu allen Zeiten geprägt oder zumindest beeinflusst und in kleinen Schritten dann auch verändert. Und wahrscheinlich bleibt die Fasnet immer auch mehr als das, was in sie inhaltlich hineingelesen wird. Pest, Hunger und Krieg konnten sie in ihrem Kern freilich wenig verändern, ebenso wie später Cholera, Grippe und Corona.

Ganz nah ans Überlinger Münster haben sich die Elzacher Schuttig herangewagt: Und da soll's Zweifel geben am kirchlichen Ursprung der Fastnacht?

LITERATUR

Werner Mezger, Narrenidee und Fastnachtsbrauch. Studien zum Fortleben des Mittelalters in der europäischen Festkultur, Konstanz 1991 und Schwäbisch-alemannische Fastnacht. Darmstadt 2015

VON WINFRIED HECHT

DER VIERERBUND

Nach Fasnetsverboten anno 1919 und 1920 und dem Inflationsjahr 1923 gründeten 13 südwestdeutsche Narrenzünfte am 16. November 1924 in Villingen die Vereinigung Schwäbisch-Alemannischer Narrenzünfte. Dabei ging es um die Pflege der historischen Fasnet und den Schutz gemeinsamer Interessen. Die Narrenzünfte des heutigen Viererbundes arbeiteten in der Vereinigung nach Kräften mit. Anfang Februar 1930 veranstaltete die Vereinigung in Rottweil sogar ihr zweites Narrentreffen. Schon früh zeichneten sich innerhalb der Vereinigung bei der Pflege des Brauchtums aber auch eine weiche und eine härtere Linie ab. Es ging dabei vor allem um die Häufigkeit der Narrentreffen und die Frage, was bei einzelnen Zünften als „historisch" angeboten wurde und was es von Fall zu Fall nicht ganz so war.

Der Umgang mit solchen Problemen führte seit der Generalversammlung der Vereinigung Schwäbisch-Alemannischer Narrenzünfte in Stockach von 1952 zum Austritt der Zünfte Elzach, Rottweil und Überlingen aus der Vereinigung; die Narrenzunft Oberndorf folgte 1958 und schloss sich 1963 mit den anderen drei Zünften zum „Viererbund" zusammen. Anlass zu diesem Schritt war der bei der Vereinigung 1952 diskutierte Beitritt zum Bund deutscher Karnevalisten gewesen.

Die ausgetretenen Zünfte einigten sich danach recht schnell vor allem auf einen Turnus von drei bis vier Jahren, in dem jeweils bei einer von ihnen ein Narrentreffen stattfindet. Überlingen machte 1959 damit den Anfang. Das Verhältnis des Viererbundes zur Schwäbisch-Alemannischen Narrenvereinigung kann inzwischen als entspannt und unkompliziert gelten. Untereinander sind sich die vier Zünfte längst auch außerhalb der Fasnet ausgesprochen freundschaftlich verbunden. Das war so beim Narrentag 2020 in Überlingen und wird auch nach dem Narrentag 2024 in Oberndorf so bleiben.

Von Anfang an machten die Zünfte des Viererbundes mit besonderen Plakaten auf ihre „Narrentreffen“ bzw. „Narrentage“ aufmerksam.

ALTER ELZACHER FASNETMARSCH

Beide Möglichkeiten lässt dieser Elzacher Fasnetmarsch im Blick auf die Fasnet offen: Jetzt „goht de Deifel los" oder „die schönste Zeit isch da" – muss ja kein Gegensatz sein!

trad.

FASNET IN ELZACH

VON BERND FACKLER

Szene vom Umzug mit Schuttig und Rägemolli (links).

DIE GESCHICHTE

Links *Am Bärenplatz werden die Fackeln verbrannt. Und der Teufelsschuttig tanzt um den Flammenstoß, solange die Stadtmusik spielt. Und die spielt lange …*
Unten *Die Taganrufer als jüngste Zunftmitglieder in Aktion beim Vorlesen der „Fasnetstückli", hier beim Halt vor dem Rathaus.*

Auch in Elzach – der kleinsten Stadt im „Viererbund" – ist die Fasnet das mit Abstand größte Volksfest im Jahr. Überlieferte Narrengestalten und traditionelle Bräuche erwachen da putzmunter zu neuem Leben. Gestaltet und getragen wird dieses Brauchtum mit ungebrochener Begeisterung von Alt und Jung und organisiert von der Narrenzunft. Diese darf sich 2024 zu den „hundertjährigen Jubilaren" zählen: Im Februar 1924 wurde sie aus der Taufe gehoben. Ein halbes Jahr später zählte sie zu den 13 Gründungsmitgliedern der heutigen Vereinigung Schwäbisch-Alemannischer Narrenzünfte; 1934 trat sie allerdings ein erstes Mal und 1952 ein zweites Mal aus der Vereinigung aus. Hundert Jahre ist zwar eine stolze Zahl, aber die Elzacher Fasnet mit ihrer Hauptnarrengestalt Schuttig ist noch wesentlich älter als die Zunft. Wann die ersten Narren durch die Gassen liefen, liegt auch in Elzach im Dunkeln, zumal bei drei großen Stadtbränden – 1490, 1583 und im Dreißigjährigen Krieg – viele Aufzeichnungen in Flammen aufgingen. Der erste urkundliche Hinweis auf fastnachtliches Geschehen stammt vom Jahr 1530. Später wurde erstmals für Elzach der „Schauertag/Schurtag" erwähnt, der heutige Aschermittwoch, der ehemals aber der letzte und ein sehr wichtiger Fasnachtstag war und von dem sich (mundartlich: „Schurtig") eindeutig der Name des Schuttig herleitet. 1671 ist „von Vermumbten, Spielleuten und Fasnachtsspiel" die Rede, 1676 gibt es einen Nachweis für die „Lätterefasnet", das Scheibenschlagen. Für 1742 entdeckte Ehrenbürger und Erznarr Josef Weber einen schönen Beleg fürs Taganrufen in den städtischen Ratsprotokollen. Und angeblich sollen Anfang des 19. Jahrhunderts einmal

Schuttigumzug anno 1921 – die Stadtmusik trägt noch keine Taganruferhemden und Tschakos.

Fünf urige Gesellen – Schuttiggruppe um 1930.

Elzacher Narrenblatt

Ein kritischer Tag erster Ordnu

Es ist ja überall bekannt
Daß der Mensch im Mittelstand
Nicht Schampus trinkt wie reiche Leute
Substanzenmost, das trinkt man heute
Auch der Saft der Heidelbeer
Ist bei uns beliebt gar sehr
Und so werfa mir a Blick

gar napoleonische Soldaten das Taganrufen angeschaut haben. Nachdem Elzach – bis dato jahrhundertelang vorderösterreichisch – 1805 badisch wurde, wurden zwar die obrigkeitlichen Restriktionen nicht weniger, dafür die Aktenfunde mehr. 1834 wird von einem „Schuttigschultheiß“ berichtet (vielleicht ein Vorläufer der Narrenzunft?), 1841 findet letztmals das Bengelreiten, damals ein Brauch der Handwerkerzünfte, statt (wiedereingeführt von der Narrenzunft als Fasnetbrauch 1936). In den Jahren um 1870, genau datieren kann man es nicht, verschwand der geheimnisvolle, nächtliche „Umgang“ der Schuttig um bestimmte Felder und Äcker in den „Rauhnächten“ zur Jahreswende. Und im kleinen Elzach fasste danach zwar nicht, wie in manch anderen alten Narrenorten, Ende des 19. Jahrhunderts Prinz Karneval Fuß, aber die neuen „Bunten Abende“ des Gesangvereins etwa gefiel vielen „guten Bürgern“ weit besser als der alte, derbe „Zottler“, der Schuttig. Andere blieben ihm aber treu. Doch bald wurde er „salonfähig" gemacht: Ab der „Reformationsfasnet“ 1911 wurden einheitlich rote Anzüge, rote Wollbollen, Fackelumzug und Teufelsschuttig neu eingeführt. Nach dem 1. Weltkrieg, in der legendären „Revolutionsfasnet“ 1920, „siegten“ die Narren über die Staatsgewalt: Die Fasnet war in jenem Jahr weiterhin „wegen Notzeiten“ allgemein verboten und in Elzach wollten zwanzig Polizisten erfolglos den Auftritt der Schuttig unterbinden. Danach begann langsam, aber sicher endgültig der große närrische Aufschwung in Elzach. Er hält bis heute an. Die Zahl der Schuttig stieg in den hundert Jahren seit der Zunftgründung auf ein Vielfaches, auch die Teilorte und die Nachbarn aus Biederbach sind mit vielen Narren und ihren Musikkapellen mit Begeisterung dabei. Heute hat die Narrenzunft Elzach knapp 2000 Mitglieder. Höhepunkte der jüngeren Zunftgeschichte sind die Einweihung des Schuttigbrunnens 1969 (er wurde 2011 ins Stadtzentrum versetzt), die Generalsanierung des Zunfthauses in der Alfing 2001 sowie die Übernahme dieses Hauses in das Eigentum der Narrenzunft im Jahr 2017.

Elzacher Narrenblatt 1911. Als „Narrenblätter“ wurden früher die beim Taganrufen verlesenen Fasnetstückle vervielfältigt und verkauft.

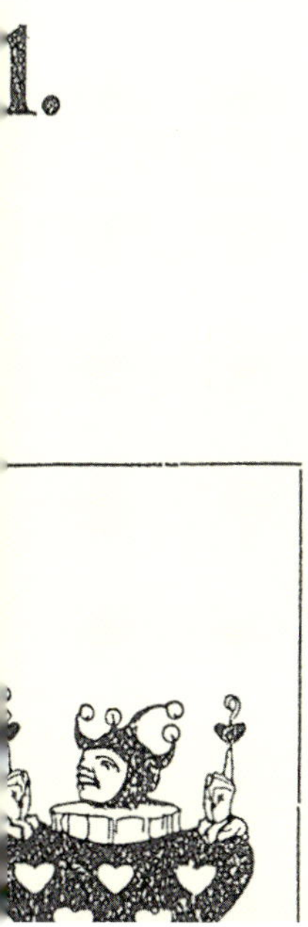

Nach dem Taganrufen gab es in den 1920er-Jahren immer mal wieder ein Gruppenbild vor dem Gasthaus „Zum Schwanen“, hier 1925.

Gruppe von Kinderschuttig; einer von ihnen mit Papier- statt Wollbollen am Schuttighut.

Auch Größere dürfen mitmachen: Szene vom Kinderumzug am Schmutzige Dunschdig.

„WIR BRINGEN EUCH DIE FROHE KUNDE:
FREI IST DER NARR ZU DIESER STUNDE!
DRUM NÜTZET JETZT DIE KURZE ZEIT,
DAMIT ES KEINEN VON EUCH REUT.
EIN FRÖHLICH', KRÄFTIG': TRALLAHO!
DENN JETZ' ISCH WIRKLICH D'FASNET DO!"

VERLAUF DER ELZACHER FASNET & IHRE FIGUREN

Kinderschuttig anno dazumal, in den 1920er-Jahren.

Am „Elften Elften" und auch an Dreikönig merkt man in Elzach noch nichts von Narretei. In der Regel vier Wochen vor dem Fasnetsunndig findet die Hauptversammlung der Narrenzunft statt – mit 300, 400, manchmal fast 500 Besuchern ist sie die bestbesuchte Generalversammlung weit und breit. Schon zuvor und erst recht danach laufen überall zu Hause die Fasnetvorbereitungen auf Touren: Frauen nähen „Maschkele"-Kostüme; Larvenschnitzer, Schuttighut- und Schuttiganzugmacher haben Hochkonjunktur; Hobbykünstler malen Kulissen oder lassen alleine oder gemeinsam die Köpfe für Reime rauchen, denn auch die fasnachtliche Dichtkunst steht in Elzach seit eh und je hoch im Kurs. Zwei Wochen vor dem Fasnetsonntag dürfen die Kinder als Schuttig auf die Straße und von da an jeden Nachmittag. Der Bärenplatz ist das Zentrum dieser Kinderfasnet – ein vergnügtes Katz-und-Maus-Spiel zwischen Verkleideten und „Zivilisten", wo oft schon ganz kleine Schuttig, noch wacklig auf den Beinen, mittun. Selten nur noch sind die alten Sprüche zu hören wie: „Schudreck, Schudreck voller Rueß het e Hompfele Dreck om Fueß" – eine Erinnerung an alte Zeiten, als die Narren nachts über die Äcker liefen oder die Mädchen mit Ruß schwärzten. Am Mittwoch vor der Fasnet ist ein Kindergartenumzug und am Schmutzige Dunschdig geht es richtig los: Da lädt die Narrenzunft zum Kinderumzug, der längst enorme Ausmaße hat, mit vielen hundert Schuttig und originellen Fußgruppen. Zum Schluss, am Nikolausplatz, verteilt die Zunft den heiß begehrten „Lohn" für alle Teilnehmer: Wurst und Wecken – wie wunderbar! Eine Narrenzeitung und einen Zunftabend hat Elzach nicht – Letzteren übernimmt sozu-

sagen seit Jahrzehnten der Männerchor am „Fasnetfriddig". Der Fasnetsamstag ist „Ruhetag", doch fast alle haben noch viel vorzubereiten: Schuttig und Maschkelekleider herrichten, Fasnetstückli fertig schreiben, Soublodere holen, genug Essen und Getränke kaufen, denn an Fasnet wird ja überall Gastfreundschaft ganz großgeschrieben.

Links *Fast wie eine Urgewalt: Die geballte Schuttigschar, die beim Fasnetausrufen auf die Kutschen mit den Narrenräten wartet oder schon hinter ihnen herspurtet.*

Oben *Ob mit Streckschere oder, vor allem, mit Soublodere – beim Umzug (und nicht nur da) treibt der Schuttig gerne Schabernack.*

Rechts *Am Bärenplatz werden die Fackeln verbrannt. Und der Teufelsschuttig tanzt um den Flammenstoß, solange die Stadtmusik spielt. Und die spielt lange…*

Fasnetsunndig, der große Tag ist da, alles fiebert auf ihn hin. Prolog ist seit einigen Jahren ein fasnachtlicher Gottesdienst in St. Nikolaus. Mehr als auf die Kirchenglocken harren die Narren danach auf das Glöcklein der kleinen Haldenkapelle oberhalb vom Ladhof. Wenn dieses um 12 Uhr läutet, beginnt das Fasnetausrufen durch den Narrenrat und damit auch die Fasnet. In zwei geschmückten Pferdekutschen geht es vom Ladhof aus durchs Städtle. An mehreren Haltestationen ruft der Zunftmeister mit lauter Stimme: „Wir bringen euch die frohe Kunde: Frei ist der Narr zu dieser Stunde! Benützet jetzt die

kurze Zeit, damit es keinen von euch reut! Ein fröhlich, kräftig Tralla-ho!, denn jetz isch wirklich d'Fasnet do! Tralla-ho!“

Mit lautem Brummen und Soublodereschlage löst sich die knisternde Spannung bei den Schuttig, die jetzt in schnellem Trab den Kutschen folgen und im Zug des furiosen Narrenlaufs nach jeder Station immer mehr werden: Ein Eindruck von überschäumender Freude, Euphorie und Ekstase – eine kaum zu beschreibende rasende, närrische Springflut, die rasch vorüberzieht. Wobei das Fasnetausrufen ein relativ „junger“ Brauch ist, erst nach Gründung der Narrenzunft 1924 eingeführt.

Ab jetzt beherrschen die Narren drei Tage lang ununterbrochen Straßen, Plätze und Lokale. Fasnetsonntag, 15 Uhr: Der große Schuttigumzug beginnt. Erstmals treten Musikkapellen, Taganrufer, Nachtwächterpaar und der schwarze Teufelsschuttig in Erscheinung. Der „Teufel“ wird jedes Jahr von einem anderen Elzacher Narren dargestellt. Seinen größten Auftritt hat er am Sonntagabend beim Fackelumzug (Beginn 20 Uhr), wenn er – solange die Stadtmusik unermüdlich und noch einmal und noch ein weiteres Mal den Fasnetmarsch bläst – bis zur Erschöpfung um den Flammenstoß tanzt: eine der eindrucksvollsten Szenen der Elzacher Fasnet. Bei jedem Umzug springt eine schier endlose Schuttigschar zu den Klängen der vier Musikapellen aus Elzach, Prechtal, Yach und Biederbach.

Die Atmosphäre beschreibt treffend das Gedicht „Schuttigumzug“ von Manfred Wittig vom Bodensee, geboren in Elzach (Auszüge):

„Vom Rathausturm schlägt drei die Glocke,/das Elztal glitzt von Schnee und Harsch,/ein Fotograf geht in die Hocke,/von fern dröhnt schon der Schuttigmarsch./Am Straßenrand gibt es Gedränge,/man tritt zurück, jetzt aufgepasst!/Erwartungsvoll die Menschenmenge/wird von der Stimmung voll erfasst./Der Sturm bricht plötzlich los, da werden/die Kinderaugen groß und weit,/da sind die Ersten, wild gebärden/sie sich im roten Zottelkleid./Wie Schreckgestalten aus der Fabel/schau'n Fratz und Gfriß aus Lindenholz,/ganz vorne tänzelt mit der Gabel/der Teufelsschuttig, kühn und stolz. …/'s ist grausig schön, die Erde bebet,/wer es geseh'n, jetzt weiß und kennt,/in dieser Stunde er erlebet/den Schuttignarr im Element …“

Am Fasnetmändig in aller Frühe beginnt im Ladhof, der früheren alten Gerichtsstätte, das Taganrufen, der älteste überlieferte Brauch. Der Nachtwächter singt sein sonores Lied: „Steht auf, im Namen hätt i's g'wisst,/wer unter uns Narren der Hauptmann ist?/Sechs Uhr ist schon längst vorbei/und wir Narren sind alle frei…“

Auch das Taganrufen hielt Elzachs Erznarr Erwin Krumm (1898 bis 1980) vielfach künstlerisch fest.

Am frühen Fasnetmändigmorge im Städtle. Der Nachtwächter, sein Wieb und die Stadtmusik hören den Taganrufern zu.

WEISSES HEMD UND SPITZER TSCHAKO KLEIDEN IN ELZACH STADTMUSIK UND TAG-ANRUFER. DIE KOPF-BEDECKUNGEN ERINNERN AN RÖHRENHÜTE AUF GEMÄLDEN DOMENICO TIEPOLOS UND DER COMMEDIA DELL'ARTE.

Napoleon (Einzellarve)

Bäregfriss

Alter Fratz

Der Rägemolli (vorne rechts), benannt nach dem Feuersalamander, der in Elzach „Regenmolch“ und im Dialekt eben „Rägemolli“ heißt, ist eine seltenere Spielart des Schuttig. Er war lange aus dem Narrentreiben verschwunden. Vor etwa einem halben Jahrhundert ist er zurückgekehrt.

Dann treten die Taganrufer in Aktion. Sie sind die jüngsten Zunftmitglieder, 18 oder 19 Jahre alt und bekleidet mit derselben Fasnetmontur wie die Stadtmusik: Lange weiße, mit farbigen Bändern verzierte Hemden, Narrenbrille und der hohe Spitzhut, der Tschako. Die Taganrufer sind die Narrenrichter und verlesen in Versform jene Pannen und Peinlichkeiten, die manchem Elzacher das Jahr durch passiert sind – sei es von einem, den mal ein wilder Bienenschwarm verfolgte, oder von einem anderen, der aus Versehen mit dem Auto durch Freiburgs Kaiser-Joseph-Straße fuhr, obwohl die seit Jahrzehnten Fußgängerzone ist. Im Jahr 1903 begonnenen und jetzt fast

Erwin Thoma ist einer der wenigen, die noch nach alter Tradition einen Schuttighut anfertigen können.

Elzach ist auch eine Hochburg der Holzbildhauer. Einer davon ist Altmeister Konrad Wernet. Er schnitzt schon seit über 70 Jahren Schuttig- und viele andere Larven.

vollgeschriebenen Narrenbuch (ein neues wird begonnen) sind alle diese Geschichten festgehalten. Von Narren, Nachtwächterpaar und Stadtmusik begleitet, zieht die Taganrufergruppe – auch wenn's noch so eiskalt ist – durchs ganze Städtle; erst nach etwa drei Stunden endet der frühmorgendliche Umzug. Doch in den Lokalen, wo an diesem Vormittag die Schuttig unter sich sind, geht es noch lange hoch her. Am Nachmittag und Abend treten zur Freude der Einheimischen die Moritatensänger und -dichter in Aktion, die sich mit originellen Ideen, Aufmachungen und Versen schier überbieten und für viel Freude, Lachen und Beifall sorgen. Der Abend und die Nacht gehört dann vor allem den Maschkele, den meist sehr originell verkleideten Elzacher Frauen.

Und dann gehört zum Fasnetmändig noch das Bengelreiten: Fast hundert Jahre lang, bis zum Wiederbeginn 1936, war dieser Brauch verschwunden. Nur alle sieben Jahre (das nächste Mal 2027) tritt der Bengelreiter mit Gefolge in Aktion: Er ist der jüngstverheiratete Ehemann Elzachs. Vier kräftige Männer tragen ihn auf zwei Bengeln, in der Mitte ist für ihn ein schmaler Sitz. Dann tobt ein heftiger Kampf mit Holzschwertern: Sieben verheiratete Frauen verteidigen den Bengelreiter gegen sieben unverheiratete Frauen, die versuchen, ihn mit allen Mitteln vom Sitz zu stoßen – gelingt es ihnen, muss er ein winterliches Bad im Nikolausbrunnen nehmen. In den vergangenen Jahrzehnten ist das nur einmal passiert – aber jener tropfnasse Bengelreiter ist inzwischen immerhin Vizezunftmeister.

Völlig „zivil", nämlich ganz ohne Larven, präsentiert sich die Elzacher Fasnet am Vormittag des Fasnetdienstags, am „Zischdigmorge", wenn der altehrwürdige Latschariverein in seiner Männersitzung jedes Jahr einen neuen Vorstand sucht. Der „Auserwählte" wird eingefangen unter denjenigen, die es bis 9 Uhr nicht ins Vereinslokal „Löwen" geschafft, sondern verschlafen haben. Latscharivorstand zu werden, ist eine hohe, aber auch zweifelhafte Narrenehre, der sich viele Kandidaten durch rechtzeitige Flucht aus Elzach entziehen wollen – was nicht immer klappt, denn die Latscharifänger liegen auf der Lauer. Der neue Vorstand ist dann samt seinem Gremium in der Ehrenkutsche beim letzten Umzug am Dienstagnachmittag (Beginn 15 Uhr, Ablauf wie am Sonntag) dabei. Danach naht schnell das Fasnetende: Schlag Mitternacht muss jeder seine Larve lupfen – das einzige Mal, wo dies auch auf der Straße geschehen darf, ja muss! Ein „richtiger Schuttig" geht aber kurz zuvor heim, um weiter unerkannt zu bleiben.

„... bis Dienstag früh, so gegen Neun beginnt die Latschigkeit...". Ja, am Fasnetzischdig sucht der Latscharverein jedes Jahr einen neuen Vorstand. Dieser „höchsten Narrenehre" entziehen sich aber viele Elzacher durch rechtzeitige Flucht aus dem Städtle.

Das Elzacher Latscharilied

von Karl Gyßler

In Elzach um die Fasnachtszeit
da ist es wunderschön
Da kann man schon seit alter Zeit
die wilden Schuttig sehn.
Mit viel Gebrumm und Tralla-Ho!
verbringensie die Zeit
Bis Dienstag früh, so gegen neun
Beginnt die Latschigkeit.

Refrain:
Alleweil, alleweil, ein Heil am Narreseil, ha, ha, ha
Komm Latschari, komm Latschari, komm
Wir wolln zum Löwen gehn,
den neuen Vorstand sehn.
Ja komm Latschari, komm Latschari, komm,
wir wolln zum Löwen gehn
da wird es wunderschön!

28

Hier geht's gehörig zur Sache. Die unverheirateten Frauen wollen den Bengelreiter um jeden Preis vom Sitz stoßen, die verheirateten Frauen genau dies verhindern. Hier eine Szene vom letzten Bengelreiten im Jahr 2020. Erst 2027 findet es wieder statt.

FIGUREN & SONSTIGES

Die Hauptnarrengestalt ist der Schuttig im roten Zottelgewand, wobei dieses in Elzach „Anzug“ heißt und nicht Häs. Über die Herkunft seines markanten Dreispitzhuts mit Schneckenhäuschen gibt es verschiedene Theorien; er könnte aus der Barockzeit stammen, wenn die Narren den damals üblichen Dreispitz verkehrt herum aufsetzten. Auffällig sind auch die schier zahllosen unterschiedlichen Larven. Kaum ein Ort hat so viele unterschiedliche Maskentypen wie Elzach. Innerhalb der sieben Grundtypen – Gfrisse, Langnasen, Lätsche, Mundele, Fratzen, Teufels- und Bartlarven – gibt es wieder viele Varianten in Ausdruck oder Farbgebung, dazu noch eine Reihe von Einzel- oder besser selteneren Larven. Die meisten Schuttig besitzen mehrere, nicht wenige sogar über ein Dutzend Larven. Wird einer erkannt, dann wechselt er gerne schnell daheim sein „Gesicht“.

Die zweite große Besonderheit in der gesamten Fasnetlandschaft: In Elzach gilt ein strenges „Vermummungsgebot“, das auch strikt eingehalten wird und worauf man stolz ist: Niemals darf sich in der Öffentlichkeit ein Schuttig ohne Hut und Larve zeigen!

Und aller guten Dinge sind auch hier drei: Elzach ist schon lange eine Hochburg der Larvenschnitzkunst. Drei hauptberufliche Holzbildhauermeister und eine ganze Anzahl begabter, auch junger Hobbyschnitzer, sorgen für Nachschub und Vielfalt.

Eine zweite, seltenere Narrenfigur ist der Rägemolli. Er ist weder eine Neuerfindung noch gar die Urform des Schuttig, sondern schlicht eine Variante. Er trägt den alten Schuttighut mit Papierbollen wie vor der „Reformation“ 1911 und solche Larven, die damals schon gebräuchlich waren, also etwa Mundle, Langnase, Bäregfriß oder Lätsch, aber zum Beispiel keine Fratzen, Teufel oder Bart. Der Rägemolli mit dem Leinengewand, auf dem schwarze Tupfen, Sonne, Mond, Eule und Fledermaus aufgemalt sind, war lange aus dem Narrentreiben völlig verschwunden. Erst in den 1960er Jahren wurde er langsam wiederbelebt („Igschlofe simmer 1908, jetz simmer wieder verwacht“ hieß es damals auf einem „Täfele“). Seinen Namen hat der Rägemolli vom Feuersalamander („Regenmolch“ = „Rägemolli“, so heißt er in der Elztäler Mundart) und ihm ähnelt das Narrengewand mit seinen schwarzen Tupfen auf dem hellen Grund.

Links *Das Scheibenschlagen als letzter Gruß von der vergangenen Fasnet: Vier Wochen danach lodern in Elzach und anderen Orten im Tal die Scheibenfeuer.*

Unten *Jedes Jahr anders und sehr originell verkleidet – das sind die Maschkele, unter denen Elzachs Frauen stecken. Ihr großer Abend ist am Fasnetmändig.*

KÖPFE & FAKTEN

Zwar gab's die Narrenfigur lange vor der Narrenzunft, doch diese sorgt seit 1924 für den organisatorischen Ablauf. Zunftmitglieder als Schuttig erkennt man am bunten Mitgliedsbändel mit Jahreszahl. Außerdem gibt es noch die silberfarbene Plakette, die aus der frühen Nachkriegszeit stammt, als die französische Besatzung eine Kontrollmöglichkeit verlangte. Diese Registrierung hat man beibehalten. Die Narrenkleider und Larven sind allesamt Privatbesitz der Fasnetteilnehmer, die Zunft hat keine eigenen Gewänder mit Ausnahme des Teufelsschuttigs. Geführt wird die Zunft vom zwölfköpfigen Narrenrat mit Zunftmeister, stellvertretendem Zunftmeister, Zunftschrieber und Säckelmeister als geschäftsführendem Vorstand. Gewählt wird der Narrenrat von den Zunftmitgliedern alle fünf Jahre. Seit etwa 60 Jahren sorgen außerdem die grün gewandeten Ordner – derzeit zwölf – für einen geregelten Umzugsablauf.

LITERATUR

Bader, Karl-Siegfried: Schurtag – Schuddig. Vom Aschermittwochsbrauchtum zur Elzacher Fastnachtsfigur (In: Schau-ins-Land, 81. Jahresheft des Breisgau-Geschichtsvereins, Freiburg 1963). Krumm, Erwin: Masken unserer Stadt: Elzach. J.Fink-Verlag Stuttgart 1975. Weber, Josef: Elzacher Fasnet in alten Bildern, Waldkircher Verlag 1996. Weber, Josef: Elzacher Bräuche, Waldkircher Verlag 1995. Weber, Josef: Zur Geschichte der Stadt Elzach, Herausgeber Stadt Elzach 1978/2003. Merkle, Ruth: Die Elzacher Fasnet. Zulassungsarbeit. Freiburg 1969. Haumann, Heiko: Kein Arbeiterrat im oberen Elztal, aber eine „Fasnetrevolution" in Elzach (In: „Revolutionäre Jahre auf dem Land", Verlag regionalkultur 2019). Diverse Artikel aus der Badischen Zeitung von Erwin Krumm, Josef Weber, Kurt Meier, Nikolaus Bayer, Thomas Steimer, Bernd Fackler und anderen.

Von links nach rechts: Zunftschrieber Matthias Dufner, Zunftmeister Armin Becherer, stellvertretender Zunftmeister Dirk Wölfle, Säckelmeister Nicolas Dreher.

FASNET IN

Narro, Narrensamen und Schantlekapelle beleben an den Fasnetstagen die Stadt.

OBERNDORF

VON GÜNTER DANNER

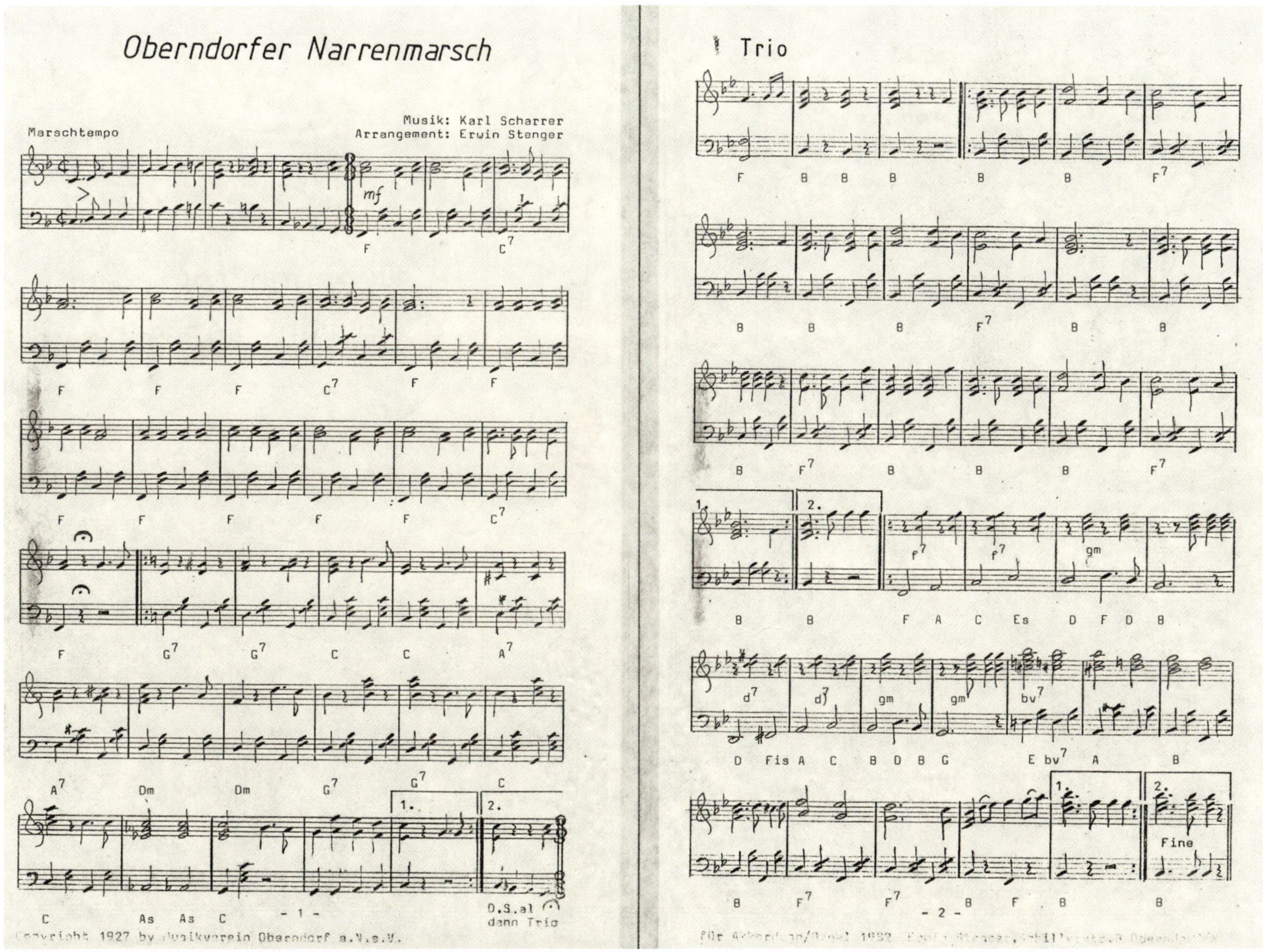

Oberndorfer Narrenmarsch, komponiert und arrangiert aus alten Narrenliedern von Musikdirektor Karl Scharrer, 1928, hier in einer Bearbeitung für Akkordeon aus dem Jahr 1966.

1882: Aus der damaligen Narrengruppe hat sich lediglich der Schantle erhalten.

1897: Schantle-gruppe mit Domino und Wirtin im Innenhof des Gasthauses zum Rosenberg.

DIE GESCHICHTE

Nicht sehr euphorisch berichtet die „Roggenburgersche Chronik“ für 1690 über die Oberndorfer Fasnet.

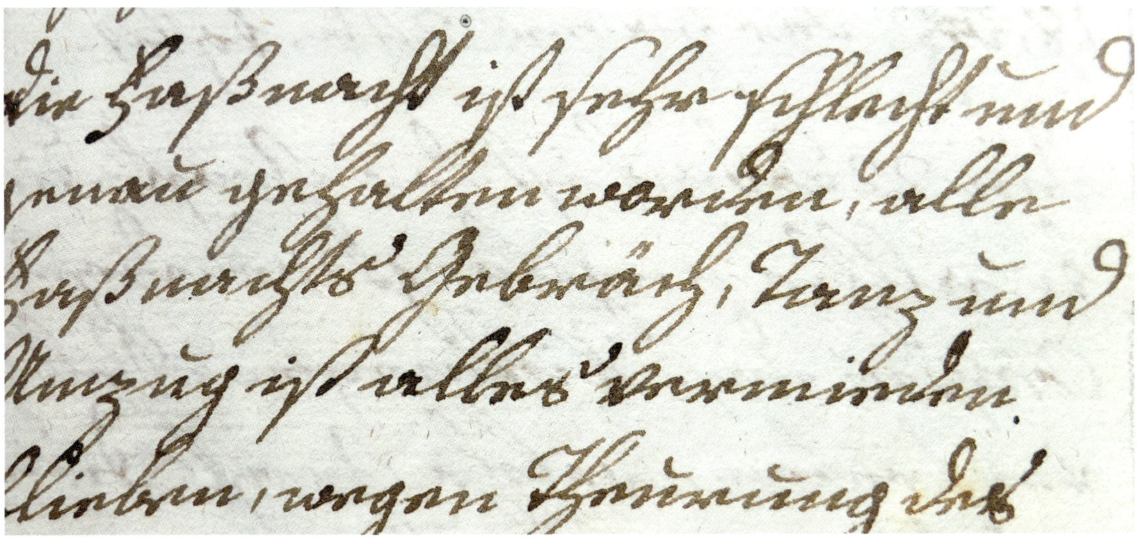

die Faßnacht ist sehr schlecht und
genau gehalten worden, alle
Faßnachts Gebräuch, Tanz und
Umzug ist alles vermieden
bliben, wegen Theuerung des

Der älteste Hinweis auf ein fastnächtliches Brauchtum in Oberndorf findet sich in der „Zimmerschen Chronik“, nach der 1502 Johann Werner von Zimmern einen „freien Markt“ in Oberndorf ausrufen ließ, gleichbedeutend mit einem Narrengericht, welches sich allerdings im Laufe der Jahrhunderte vollständig verloren hat. Exemplarische Belege für eine fastnächtliche Tradition im 17. Jahrhundert stellen Auszüge aus der Chronik des Augustinerklosters, aus den Stadtpflegerechnungen sowie den Protokollen des Kirchenstiftungsrates dar, in denen es meist um Natural- oder Geldzuwendungen im Kontext der fastnächtlichen Bräuche geht. Der erste Hinweis auf einen Fastnachtsumzug findet sich dann aber in der „Roggenburgerschen Chronik“, deren Original sich heute im Besitz der Narrenzunft Oberndorf befindet. Hier ist als Eintragung für das Jahr 1690 zu lesen: „Die Faßnacht ist sehr schlecht und genau gehalten worden, alle Faßnachtsgebräuch, Tanz und Umzug ist alles vermieden blieben, wegen Theuerung des Weins und leidigen Kriegswirrens.“

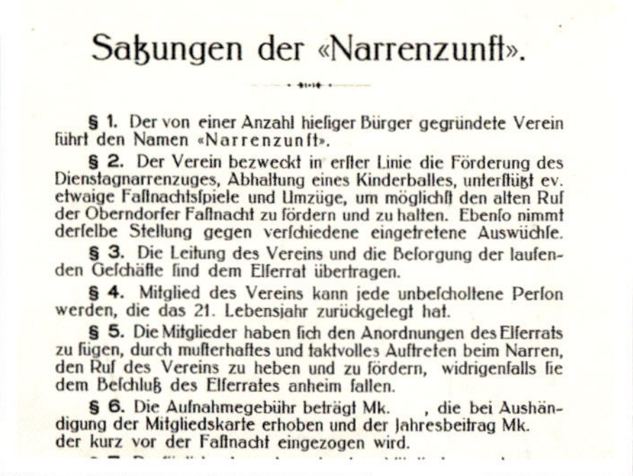

Satzungen der «Narrenzunft».

§ 1. Der von einer Anzahl hieſiger Bürger gegründete Verein führt den Namen «Narrenzunft».

§ 2. Der Verein bezweckt in erſter Linie die Förderung des Dienstagnarrenzuges, Abhaltung eines Kinderballes, unterſtützt ev. etwaige Faſtnachtsſpiele und Umzüge, um möglichſt den alten Ruf der Oberndorfer Faſtnacht zu fördern und zu halten. Ebenſo nimmt derſelbe Stellung gegen verſchiedene eingetretene Auswüchſe.

§ 3. Die Leitung des Vereins und die Beſorgung der laufenden Geſchäfte ſind dem Elferrat übertragen.

§ 4. Mitglied des Vereins kann jede unbeſcholtene Perſon werden, die das 21. Lebensjahr zurückgelegt hat.

§ 5. Die Mitglieder haben ſich den Anordnungen des Elferrats zu fügen, durch muſterhaftes und taktvolles Auftreten beim Narren, den Ruf des Vereins zu heben und zu fördern, widrigenfalls ſie dem Beſchluß des Elferrates anheim fallen.

§ 6. Die Aufnahmegebühr beträgt Mk. , die bei Aushändigung der Mitgliedskarte erhoben und der Jahresbeitrag Mk. der kurz vor der Faſtnacht eingezogen wird.

Das erste Bennerrössle, 1928 von der Zunft angekauft (links oben).
Die erste Satzung der Narrenzunft Oberndorf (mitte oben).

Bennerrössle und Riesendame 1934

Der Elferrat im Gründungsjahr der Narrenzunft 1908.

Colorierte Postkarte, 1928: Schon zu dieser Zeit erkannte man die Möglichkeit des Merchandising.

Historisierendes Fasnetsspiel 1896: „Belagerung und Einnahme der Stadt Oberndorf durch die Grafen von Zimmern“, Heroldgruppe.

„Große Maskenredoute“

„Narren-Zunft“ Oberndorf a. Neckar

Grosse Masken-Redoute

am Samstag den 14. Februar 1914 im Saalbau z. „Schützen“

Gemäss Beschluss der letzten Generalversammlung haben die Mitglieder für sich und ihre nächsten Angehörigen für diesen Abend Kontrollkarten à 50 Pfg. pro Person zu lösen. Die Kontrollkarten sind auf Nichtmitglieder nicht übertragbar. Diese Karten sind in der oberen Stadt bei Kassier Th. Zimmermann und im Tal bei Kfm. Müller bis Samstag nachm. 2 Uhr gegen obige Gebühr zu lösen u. am Ballabend sichtbar zu tragen.

Maskenabzeichen sind am Saaleingang für 30 Pfg. erhältlich.

Anzug für Herren: Maskenkostüm oder dunkler Anzug.

Das Mitbringen eines närrischen Humors ist Bedingung.

Eintrittskarte

für Herrn

Buchdruckerei Robert Gutöhrlein, Oberndorf a. N.

Colorierte Federzeichnung als Plakatentwurf für das Narrentreffen 1936.

Die eigentliche Geburtsstunde der heutigen Fasnet in Oberndorf steht wohl im Zusammenhang mit dem Wirken eines städtischen Villinger Beamten, der nach Aussage des Oberamtmannes Pfeiffer im Jahre 1786 Oberndorfer Bürgersöhne zum sogenannten Narrenlaufen ermuntert haben soll. Dieser Einfluss aus Villingen lässt sich noch heute im Kleid des Oberndorfer Narros erkennen und findet sich auch in den ältesten erhaltenen Larven aus dem späten 18. Jh., die im Besitz der Narrenzunft sind. Nachdem Oberndorf, das über Jahrhunderte zum katholischen Vorderösterreich gehörte, 1806 zu Württemberg kam, geriet die Fasnet mehr und mehr unter den Druck der neuen Obrigkeit. Zwar richteten sich die Attacken des Oberamtsmannes Pfeiffer, die in einer Rede dokumentiert sind, in erster Linie gegen den „Schmotzigen“, sie können durchaus aber als Generalangriff auf die Volksfasnet verstanden werden. Maskenbälle, Hoftheater und Fastnachtsspiele sollten der ursprünglichen Straßenfasnet entgegengesetzt werden. Trotz dieser Bemühungen des Besitz- und Bildungsbürgertums der Stadt gelang es aber nicht, die Straßenfasnet völlig zu beseitigen.

Obwohl bereits 1835 bzw. 1881 ein „Narrencomite“ bzw. „Narrenclub“ belegt ist, kann von einer organisatorischen Struktur der Fasnet im 19. Jh. noch nicht gesprochen werden. Dies änderte sich erst 1908 mit Gründung der Narrenzunft Oberndorf, die als ersten Gründungszweck ausdrücklich die „Förderung des Dienstagsnarrenzuges“ proklamierte. Dass die Fasnet nicht isoliert, sondern immer auch vor dem Hintergrund der Zeit betrachtet werden muss, zeigt das weitere Schicksal. Der 1. Weltkrieg und die Notjahre danach waren verbunden mit Fastnachtsverboten, die erst 1922 „für Städte mit historischen Bräuchen“, also auch Oberndorf, gelockert wurden. Dennoch war die Zwischenkriegszeit durchaus auch eine Blütezeit der Oberndorfer Fasnet, dokumentiert durch den Oberndorfer Narrenmarsch, der 1928 vom damaligen Musikdirektor Scharrer aus alten Oberndorfer Narrenliedern arrangiert wurde.

In der NS-Zeit geriet auch die Narrenzunft unter Regimedruck, konnte aber trotz massiver Vereinnahmungsversuche, die Fasnet in ihrem traditionellen Ablauf erhalten. Letztmals vor dem 2. Weltkrieg fand die Fasnet 1939 statt. Danach lösten sich zwar Narrenzunft und Elferrat nicht auf, die Aktivitäten beschränkten sich aber im Wesentlichen darauf, den Kontakt zu den Oberndorfer Soldaten zu erhalten. Nach Kriegsende und während der ersten Besatzungsjahre waren sämtliche Fastnachtsaktivitäten verboten, bis die „Freunde der Oberndorfer Fasnet“ bei der französischen Besatzungsmacht eine Lockerung erwirkten. So kam es am 18. Februar 1947 zum ersten spontanen Narrensprung nach dem 2. Weltkrieg und schließlich im November zur Wiedergründung der Narrenzunft.

Ab dieser Zeit nahm die Fasnet einen kontinuierlichen, seit den 1960ern geradezu rasanten Aufschwung hinsichtlich der Mitglieder und Teilnehmer am Narrensprung. Dieser Zulauf hat bis heute angehalten, die Narrenzunft ist mit Abstand der größte Verein der Stadt Oberndorf. Im Kern blieb die Satzung von 1908 erhalten und bildet nach wie vor das organisatorische Rückgrat der Zunft.

Präsident und Elferrat eröffnen die Fasnet.

VERLAUF DER OBERNDORFER FASNET & IHRE FIGUREN

Wie überall im schwäbisch-alemannischen Raum, so beginnt auch die Fasnet in Oberndorf mit dem Dreikönigstag, an dem traditionell eine Mitgliedervollversammlung stattfindet, deren erster Teil sich dem Organisatorischen der kommenden Fasnet widmet.
Im Anschluss daran schlüpfen dann die Elferräte in ihr Dienstornat, setzen die „Göggeleskappe" auf und ziehen hinter dem Zeremonienmeister und der Schantlekapelle in den Saal des Don-Bosco-Hauses ein, der wie immer kaum ausreicht, um die Zahl der anwesenden Mitglieder zu fassen. Den zweiten Teil des Abends bestreiten dann der Zeremonienmeister und die Elferräte, die alljährlich eigens zu diesem Anlass ein Programm einstudiert haben, welches das Geschehen in der Stadt, aber auch in der Narrenzunft fastnächtlich kolportiert.

Die Schantlekapelle zieht ein.

Elferrat und Schantlekapelle eröffnen die Fasnet.

Links Der Elferrat gestaltet das Programm der Dreikönigsversammlung.

Oben Stabwechsel, alter und neuer Dirigent der Schantlekapelle.

Rechts Der Elferrat gestaltet das Programm der Dreikönigsversammlung.

Schmotzigengruppe

Feste Bestandteile der sogenannten Vorfasnet sind der „Schantlesonntag“ und der „Schmotzige“. An beiden Terminen wird die alte Tradition des „Aufsagens“ gepflegt, d.h. die Lokalpolitik, aber auch die kleinen und großen Missgeschicke, die innerhalb der Bürgerschaft passiert sind, werden in närrischer Weise dem Publikum in den Lokalen der Stadt präsentiert.

Traditionell am Samstag vor der Fasnet findet der „Bürgerball“ statt, der an die Balltradition des 19. Jahrhunderts anknüpft und von der Narrenzunft seit 1910 veranstaltet wird.

EASTER CROSS
ILL NIÑO
IGNITE
JAYA THE CAT
EKTOMORF
SCHMUTZKI
Ostern, 15.-16. April
Vorsicht
Dachlawinen

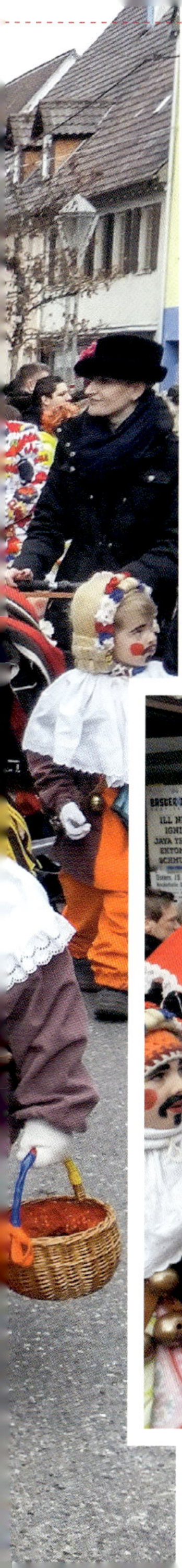

Früh übt sich, wer ein Narr werden will. Die Jüngsten bilden den „Narrensamen" und gestalten den Kinderumzug.

Der Sonntag gehört dann ganz den Kindern. Pünktlich um 14.30 Uhr startet der Kinderumzug von der Mauserstraße aus, angeführt vom Zeremonienmeister, der Stadtkapelle, dem Elferrat, den Bennerrössle und der „Riesendame", einer Einzelfigur, die nur am Kinderumzug zu sehen ist. Zum Abschluss des Umzugs erhält jedes Kind, gleichgültig in welcher Kostümierung es teilgenommen hat, vom Elferrat die traditionelle weiße Brezel und eine rote Wurst.

DAS KASPERLE IN DEN STADTFARBEN SCHWARZ UND GELB AM STAB DES OBERNDORFER ZEREMONIENMEISTERS STEHT IN DER TRADITION MITTELALTERLICHER NARRENKOLBEN.

Der Schantle belohnt das Aufsagen der alten Narrensprüche.

Das „Rammeln“ am Fasnetsmontag ist eine Oberndorfer Besonderheit. Zahlreiche Schantle machen sich am Nachmittag vom Don-Bosco-Haus auf den Weg in die historische Innenstadt, wo schon die Zuschauer und vor allem die Kinder auf die hinkenden Gesellen warten. Sie scharen sich um einen Schantle, den sie sich ausgeguckt haben, singen die alten Fasnetslieder und sagen die überlieferten Narrensprüche auf, bevor es dann gilt, die zur Belohnung ausgeworfene Orange zu fangen bzw. die an der Angel befestigte Wurst zu schnappen.

Optik und Akustik stimmen bei der Stadtkapelle Oberndorf an der Fasnet hundertprozentig.

Absoluter Höhepunkt der Oberndorfer Fasnet ist der Fasnetsdienstag mit seinem historischen Narrensprung, der am Nachmittag in der Oberstadt wiederholt wird. Punkt 8.30 Uhr ertönt der Narrenmarsch und rund 2500 Hansel, Narro, Schantle, Bennerrössle, zahlreiche Musikkapellen und an seinem Ende die Verkörperung der närrischen Obrigkeit, der Polizeischantle, ziehen in einem nicht enden wollenden farbenprächtigen Umzug von der Oberstadt hinab in die Talstadt. Sie beleben im Anschluss die Plätze, die Gasthäuser und privaten Narrenstuben und statten auch dem Altersheim und Krankenhaus ihren närrischen Besuch ab, ehe dann mit dem „Betzeitläuten" um 18 Uhr der närrische Spuk für dieses Jahr endet.

Hauptfiguren der Oberndorfer Fasnet sind der Hansel, der Narro und der Schantle. Der Hansel nimmt eine singuläre Stellung in der schwäbisch-alemannischen Fastnachtslandschaft ein. Mit seiner blumenumrahmten Flachsperücke, der Holzlarve mit Knebelbart, dem roten Schirmchen, dem Geschell, seiner orangenen Hose und weinrotem Kittel, geziert von einem gestärkten weißen Kragen, ist er in dieser Form nur in Oberndorf zu Hause. Er trägt ein Körbchen mit Süßigkeiten, aus dem er die Zuschauer freigebig „schnupfen" lässt. Über die Herkunft dieser Narrenfigur, die wohl Mitte des 19. Jahrhunderts entstanden ist, wurde und wird viel spekuliert. Ob als Verulkung der Landsknechte, als Karikatur König Gustav Adolfs v. Schweden oder gar des französischen Kaisers Napoleon II., der Fantasie sind keine Grenzen gesetzt. Historisch gesichert ist allerdings keine dieser Thesen.

Klarer erscheint dagegen die Herkunft des Narro, der als Weißnarr deutliche Parallelen zum Villinger Narro aufweist, jedoch in Oberndorf seine eigene Ausdrucksform gefunden hat. Die Holzlarve, umrahmt von einem Rosshaarkranz mit bunten Perlenkettchen und geschmückt mit einem grünen Hut mit rotem Band und bunten Hahnenfedern, gibt es als Bartnarro bzw. bartlosen Narro. Beide tragen heute ein handbemaltes Kleid mit Blumenranken und auf dem Rücken der Jacke eine historische Ansicht der Kernstadt. Die Hose zieren vorne der typisierte Löwe und Bär, die sich mit einem Glas Rotwein zutrinken. Auf der Rückseite finden sich bäuerliche, höfische oder auch orientalische Figuren. Seidentücher, Geschell, Körbchen und die reich bestückte Brezelstange sind unverzichtbare weitere Attribute.

Das „Drecklärvle“, eines der ältesten Narrenkleider, das am Narrensprung zu sehen ist.

In voller Aktion, der Oberndorfer Narro.

Narro, wohin man schaut.

Die Hansel sind wohlbeschirmt.

Der Schantle ist die wohl urtümlichste Gestalt der Oberndorfer Fasnet und in weiten Teilen noch so erhalten, wie er trotz der späteren Verbürgerlichung zu Beginn des 19. Jahrhunderts entstanden sein dürfte. Er trägt heute noch seine Hose und seinen Kittel aus Rupfenstoff mit bunten Flecken besetzt. Seine Larve zeigt unterschiedliche Ausdrucksformen. Auch haben sich noch Einzelmasken wie das „Drecklärvle" und das „Heulerle" erhalten. Wurstangel und ein mit Orangen gefüllter Korb, die großzügig ausgeworfen werden, sind unverwechselbare Zutaten dieser Narrenfigur.
Für die Ordnung beim Narrensprung verantwortlich sind der Polizeischantle und die Bennerrössle. Letztere sollen die Zuschauer an den Straßenrand zurückdrängen, damit Platz für den Umzug ist. Der Polizeischantle hingegen sorgt dafür, dass am Ende des Zuges kein Narr verloren geht.

Im alten Oberndorfer Rathaus hat Oberndorfs Narrenzunft ihr Domizil. Hier schlägt das Herz der Oberndorfer Fasnet besonders vernehmlich – „und das nicht nur zur Fasnetszeit…“.

KÖPFE & FAKTEN

GUT AUFGEHOBEN SIND DIE GESCHICKE DER OBERNDORFER NARRENZUNFT BEI DER VORSTANDSCHAFT: ZUNFTPRÄSIDENT MARCO PFISTERER, STELLVERTRETENDER ZUNFTPRÄSIDENT HANS JOERG KOPF, SCHRIFTFÜHRER BERND FRANKE UND SCHATZMEISTER CARL HERMANN GRAF (VON LINKS).

Die Narrenzunft Oberndorf hat ihre Narrenstube, ihr Archiv und ihren Fundus in den oberen beiden Stockwerken des „Alten Rathauses". Dort ist am Fasnetsdienstag der zentrale Treffpunkt und das Herz der Oberndorfer Fasnet. Hier werden auch in der Vorfasnet u.a. die Kindergarten- und Schulkinder in das Brauchtum eingeführt. Aktuell hat die Narrenzunft 2336 Mitglieder. Geleitet wird die Zunft durch den Elferrat, dessen Vorstand sich aus dem I. und II. Präsidenten, dem Schriftführer und dem Schatzmeister zusammensetzt. Seit 1978 führt die Zunft ein Narrenregister, in dem die von der Abnahmekommission als „Original Oberndorfer Narrenkleid" für korrekt befundenen Kleider erfasst sind. Bis heute wurden 2396 Narrenkleider registriert.

LITERATUR

Heyd, Werner P.: Masken unserer Stadt Oberndorf, Stuttgart 1973; Wolf, Günther: „Der Tag, der ist so freudenreich, Oberndorf am Neckar und seine heitere Fasnet", Tübingen 2003. www.nz-oberndorf.de

FASNET

HISTORISCHER ROTTWEILER NARRENMARSCH

Musik: Heinrich von Besele, Text: Otto Wolf.

IN ROTTWEIL

VON WINFRIED HECHT

Stuhlwange in Heilig Kreuz in Rottweil mit einem Narr, der sein Kind füttert (ca. 1705).

Rottweiler Schantle mit Schirm – in der auf Viktor Gassner zurückgehenden Version. Die Haube der „Lachere" ist an den Ecken mit dem traditionellen Bierbrauerstern verziert.

Das Rottweiler Ratsprotokoll vom 18. März 1754 hat festgehalten, „dass 119 Narren über die Faßnacht hindurch geloffen“.

Rechts *Die Rottweiler „Narrentafel“ von 1871 ist das erste Foto-Dokument, welches sozusagen die gesamte Narrenzunft Rottweil zeigt; das Original der Tafel befindet sich im Stadtmuseum Rottweil.*

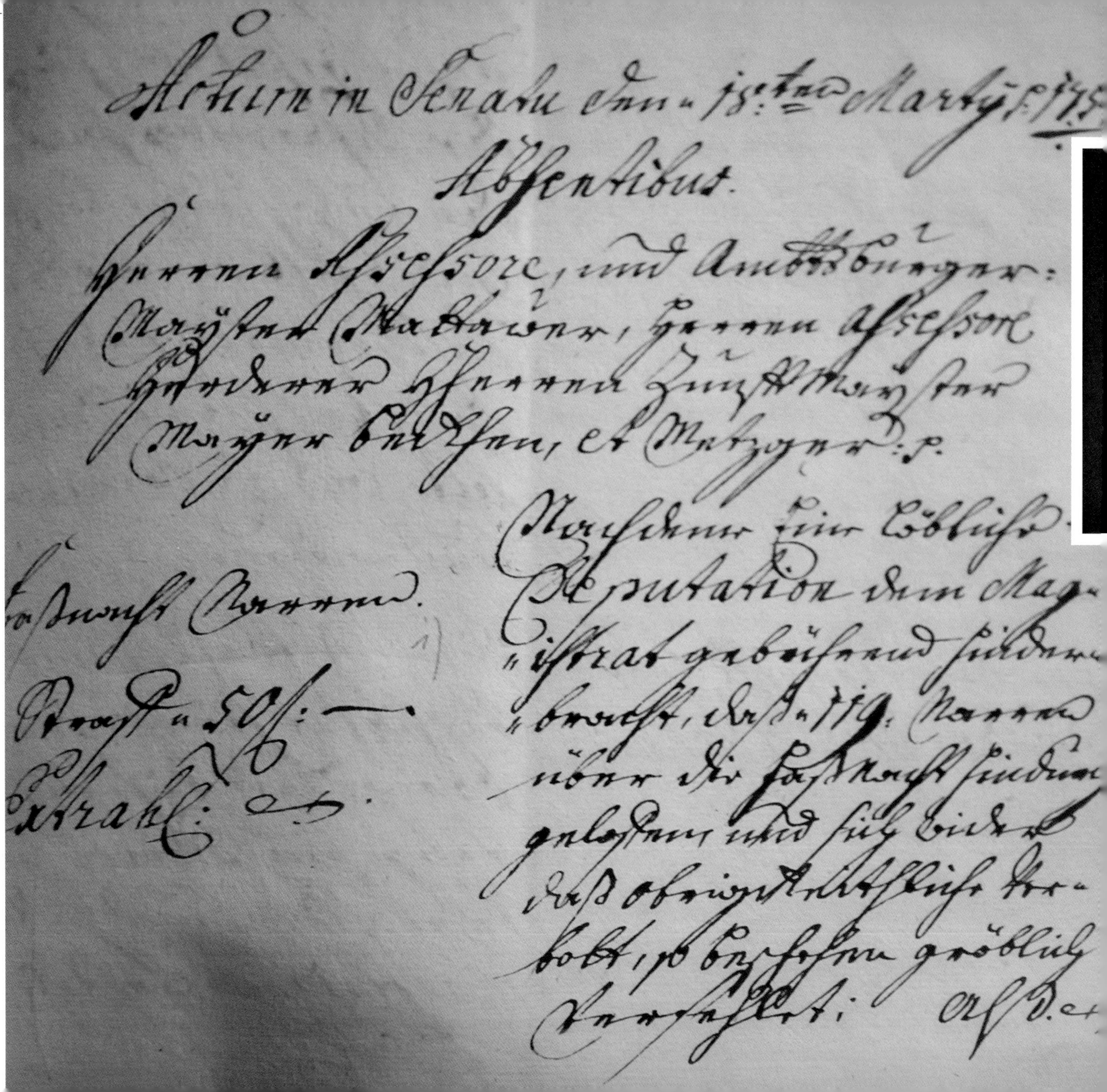

DIE GESCHICHTE

Eindeutige Belege für die Fasnet im „Narrennest" Rottweil gibt es seit dem Spätmittelalter. 1476 hatten die Rottweiler Stadtpfeifer dem Bürgermeister der Reichsstadt auf dessen Kosten an der Fasnet aufzuspielen. 1509 förderte Kaiser Maximilian die Rottweiler Zünfte zur Fasnet mit namhaften Geldbeträgen. Im Rottweiler Stadtrecht von 1546 ist die Rede vom sich „larvenweis" Verkleiden. Seit 1585 erwähnt das Rottweiler Ratsprotokoll wiederholt die Aufführung eines „Narrenspiels". Über die richtige Ordnung beim Umzug an der Fasnet musste schon 1614 der Rottweiler Magistrat entscheiden.

Nach dem 30-jährigen Krieg wird die Narrenzunft mit Narrenmeister Johann Baptist Frantz an der Spitze 1651 greifbar, wenig später der Zug der Gesellen in die benachbarte Reichsabtei Rottenmünster zur Abholung des „Fasnetsküechlins". In Rottweil selber ist für die späte Reichsstadtzeit dann so gut wie alle Jahre folgendes Zeremoniell dokumentiert: Die Narrenzunft wendet sich mit dem Wunsch an den Rat, die Fasnet durchführen zu dürfen. Das Rathaus lehnt ab, lässt sich aber gewöhnlich umstimmen und genehmigt unter Auflagen die Fasnetslustbarkeiten. Nach der Fasnet werden aufgetretene „Exzesse" abgestraft. Bei solchen Gegebenheiten riskierten 1754 immerhin mindestens 119 Narren, an der Fasnet zu „laufen". Eine Erwähnung verdient, dass in Rottweil um 1770 offensichtlich auch Frauen und Mädchen aktiv in die Fasnet gefunden haben.

KRAMER

Franz Josef (1813 – 1873), Schuhmacher

Viktor (1815 – 1887), Hotelier

GASSNER

RITTER

Eugen (1880 – 1940), Verwaltungsjurist

Nach Ende der Reichsstadtherrlichkeit hatte Rottweils traditionsreiche Fasnet einen schwierigen Abwehrkampf gegen den scheinbar übermächtigen Prinzen Karneval durchzustehen. Zwar war schon zwischen 1827 und 1832 der „Schmotzige“ als dritter Larventag gefallen, aber die Fasnet überlebte mit ihren wesentlichen Bestandteilen viele allzu modische Veränderungen. Zu verdanken war dies Männern wie Franz Josef Kramer genannt „Herrenkramer“ (1813–1872) und Viktor Gassner (1815–1887). Im Jahre 1903 wurde die nie ganz untergegangene alte Narrenzunft neu gegründet, ihre Geschichte schon 1909 von Eugen Ritter (1880–1940) überaus kompetent dargestellt. 1911 erklang zum Narrensprung erstmals der

BESELE

Heinrich von (1844 – 1887), Musiker

WOLF

Otto (1869 – 1951), Tapeziermeister

LAMBRECHT

Karl (1935 – 2013), Vermessungstechniker

von Heinrich von Besele (1844–1887) schon 1882 komponierte Rottweiler Narrenmarsch. Die treibende Kraft in der Fasnet wurde für die folgenden Jahrzehnte jedoch Tapeziermeister Otto Wolf (1869–1951), der 1914 mit seinem Text zum Narrenmarsch in Worte fasste, was die Bürger seiner Heimatstadt an der Fasnet bewegt, Karl Lambrecht (1935–2013) wirkte über Jahrzehnte in ähnlicher Weise. Gut erholt überstand die Rottweiler Fasnet nach dem 1. Weltkrieg jegliche Einflussnahme politisch höheren Orts. Auch vom Dritten Reich ließ sie sich nicht vereinnahmen und erlebte nach 1945 einen glanzvollen Wiederaufstieg – gemeinsam mit den traditionsreichen Schwesterzünften aus Elzach, Überlingen und Oberndorf.

Mit dem „Abstauben" der Larven und Narrenkleider beginnt jedes Jahr an Dreikönig die Rottweiler Fasnet. Ein Alt-Rottweiler Bürgerhaus bildet dafür den idealen Rahmen. Ein Abstauber zum anderen: „Sag bloß, Du hosch's Gedicht verlora!"

Bloß nichts übersehen – bei der Abstauberei!

VERLAUF DER ROTTWEILER FASNET & IHRE FIGUREN

Dreikönig am 6. Januar ist der erste Rottweiler Fasnetstermin. Die Abstauber im schwarzen Frack, mit Zylinder und Handbesen, werden morgens vom Narrenmeister in die Häuser der Bürgersleute geschickt und befreien dort mit einigem Hallo und nicht ganz trocken Narrenkleider und, was es sonst nötig haben könnte, vom Staub.

Die folgenden Wochen sind bis in die Abendstunden akustisch vom „Klöpfen" geprägt, wenn Rottweiler Buben unverdrossen das Knallen mit den Peitschen wie die Treiber der Bennerrössle üben. Auf dem Programm stehen sonst Kappenabende bei Vereinen und Freundeskreisen und sonstige Veranstaltungen wie das Fasnetskonzert der Stadtkapelle. Im eher familiären Kreis werden die Narrenkleider für die hohen Tage vorbereitet und Narrenbücher gemalt. Die Schmotzigen-Gruppen proben ihre Auftritte für den Donnerstag vor der Fasnet. Ernst wird es für sie am Abend dieses Tages in Rottweils Wirtshäusern und mehreren Sälen. Am „Schmotzigen" erscheint seit 1924 auch das „Rottweiler Narrenblättle", von dem es nachweislich zurück bis 1845 Vorläufer gegeben hat. Am gleichen Tag beginnt schließlich für Rottweils Schüler die Fasnet so richtig.

Oben Das „Klöpfen" mit der Geißel will gelernt sein. Ab Dreikönig wird es überall in der Stadt fleißig geübt, damit die Kinderrössle am Fasnetssonntag ihr Können unter Beweis stellen.

Rechts Am Schmotzigen Donnerstag erfreuen zahlreiche Gruppen mit fraglos bühnenreifen Auftritten in Rottweils Sälen und Wirtshäusern ihr Publikum.

Mit der „Proklamation" am Fasnetssonntag übernimmt die Narrenzunft die Macht in Rottweil. Jetzt kann endlich alles nur noch besser werden.

Die Stadtkapelle mit Stadtmusikdirektor Johannes Nikol spielt an den Fasnetstagen ungezählte Male den Rottweiler Narrenmarsch.

Am Fasnetssonntag übernimmt die Narrenzunft Rottweil um 11.45 Uhr vor dem Alten Rathaus mit der Verkündung einer Proklamation die Macht in der alten Reichs- und Narrenstadt. Damit dies sogar die „Stubahocker" mitbekommen, schickt die neue Obrigkeit alsbald zwei Ausscheller in alle Straßen und Gassen. Am Sonntagnachmittag findet auf dem Straßenkreuz der Kinderumzug statt, sozusagen als Ouvertüre für das, was an den nächsten Tagen folgt.

Haupttage der Rottweiler Fasnet sind Fasnetsmontag und Fasnetsdienstag. Nachdem die „Tagwacht-Kapelle" mit dem „Langen Mann" schon vor der Morgendämmerung unterwegs war und die Mannen der Narrenzunft in aller Frühe in den Wirtshäusern der Oberstadt alle Narrenkleider einer letzten Prüfung unterzogen haben, beginnen mit dem Achtuhr-Glockenschlag jeweils am Schwarzen Tor unter den Klängen des Altjäger-Marsches und des Historischen Rottweiler Narrenmarsches die traditionellen Narrensprünge. Die Narren werfen dabei Brezeln, Mandarinen oder „Gutsle" aus. Geschunkelt wird am Straßenrand trotzdem nicht, aber man hört immer wieder „Juzger", welche höchstes Glücksgefühl in Rottweiler Gemütern zum Ausdruck bringen. Nach den Narrensprüngen herrscht buntes Treiben auf Plätzen, Straßen und Gassen sowie in den Rottweiler Wirtshäusern. Die Narren sagen mit und ohne Narrenbuch auf, und die Kinder singen für sie unentwegt die uralten Verse vom „Narro kugelrund" oder „Narro, sieba Sih!". Abends um 18 Uhr ist mit dem Betzeit-Läuten die Herrlichkeit zu Ende – am Abend des Fasnetsdienstags – o jerum! – sogar für ein ganzes Jahr. Vom Aschermittwoch an mit dem Schneckenessen geht es in dieser langen Zeit allerdings schon wieder „dergega". Der „Funkasunntig" gleich nach Aschermittwoch lässt allerdings schon wieder nicht wenige an die höchsten Feiertage in einem Jahr denken.

Der Narrenengel in den alten Stadtfarben Rot und Weiß führt den Narrensprung an.

Rechts Das kleine Gschell meint es gut mit den Kindern und wird sie gleich „schnupfen" lassen.

MIT TÜRKEN UND TIROLERN BEMALT IST DAS LEINENE NARRENKLEID DES GSCHELL IN ROTTWEIL. TÜRKEN ERINNERN AN DEN BAROCKEN „ERBFEIND" UND DARAN, DASS MAN DIE ROTTWEILER EINST „MAMELUCKEN" SCHIMPFTE. AUCH IM LUSTSPIEL DES BAROCKS HATTEN TÜRKEN IHREN PLATZ.

Links Kraft und Selbstbewusstsein strahlt es aus – das Rottweiler Biss. *Rechts* Das Gschell ist unter Rottweils Narrentypen d e r Narr.

Ein Fransenkleid mit einer lieblichen Rokoko-Larve.

Das Fransenkleid – eine Spielart des Gschell aus dem Rokoko.
Biss und Gschell dicht gedrängt im Narrensprung.

ZEICHEN EINES FASSMALERS (HELMUT KRAMER) –
DAS ZEICHEN BEFINDET SICH AN DER SCHLÄFE DER LARVE.

Unter den historischen Rottweiler Narrenfiguren ist zuvorderst das Gschell mit freundlicher Holzlarve, bemaltem Leinengewand, drei Fuchsschwänzen auf der Haube und sechs Riemen schwerer Glocken, mit Narrenwurst, Narrenbuch, „Handhebete" und Schnupfdose zu nennen. Das Gschell ist in Rottweil d e r Narr, dem das männlich wirkende, jüngere Biss mit „Boschen" aus Hahnenfedern auf dem Kopf und gebleckten Zähnen entspricht. Eine noch jüngere Spielart des Gschells ist das Fransenkleid mit lieblicher Rokoko-Maske und vier Riemen mit „silbernen" Schlittenglöckchen.

Links Er ist ein ganz besonderer Schantle, der „Ronny" aus dem 19. Jahrhundert mit seinen „Prallaugen".

Der Schantle, lange „wüster Vermummer" und „ungehobelter Tölpel vom Land", hat sich seit etwa 1870 mit Sonnenschirm und stärker charakterisierender Larve eher dem Typ des gesitteten älteren Herrn angenähert. Kenner entdecken unter den Schantle die „Briekere", den „Ronny" mit „Prallaugen" und geknebeltem Bart, die „Große" und die „Kleine Sauglock" oder „'s Reichstadta".

Die hohe Kunst des Schnitzens einer Maske („Larve") verdeutlichen Stücke wie „'s Reichsstadta Schantle". Der Schantle entstand wohl in der Werkstatt des Rottweiler Malers Anton Reichsstadt und wird immer wieder nachgeahmt.

Mit seiner „Sauglock" erinnert ein Schantle an die Reichsstadtzeiten, als der Sauhirt die Schweine jeden Morgen zur Stadt hinausgetrieben hat.

Oh jerum... – die Briekere betrauert das Ende der Fasnet beim Narrensprung am Fasnetdienstagnachmittag.

Federahannes im Sprung – so ist er immerhin schon auf einer Briefmarke abgebildet.

Vom Federahannes, der grimmig die Eckzähne zeigt und an seiner Stange springt, weiß man ziemlich sicher, dass er zu Reichsstadtzeiten auch bei kirchlichen Theaterstücken als „Teufel“ Verwendung fand; „'s Marxbecka“ ist auch noch mit Kopien eine besonders schöne Ausprägung dieses Typs. Die Bennerrössle mit Scheinpferd und zwei mit Peitschen knallenden Treibern sind nach einer Nachricht von 1821 einst zu jeder Fasnet vom untergegangenen Dorf Briel in die nahe Reichsstadt gezogen und sollen mit zwei Exemplaren einst den Narrenzug eröffnet haben. Auch waren die Rössle damals schon nach Dreikönig abends in der Stadt unterwegs. Heute sind die Bennerrössle mit drei Exemplaren im und sechs weiteren am Schluss des Narrensprungs zu erleben.

Geradezu virtuos peitschen jeweils zwei Treiber „ihr“ Bennerrössle, hier Widmers Fuchs, durch geschlagene zwei Fasnetstage.

Zu Reichsstadtzeiten wirkte der Federahannes beim kirchlichen Theater mit, wenn Teufel darzustellen waren.

„HUHUHU" – ROTTWEILS NARRENRUF – MEINT DIE VON HERZEN GEWÜNSCHTE, SCHÖNE UND GLÜCKSELIGE FASNET.

Links *Der Rottweiler Guller verkörpere Eitelkeit und Wollust – heißt es.*
Rechts *Klein fängt man als Bajass an, um einmal ein richtiger Rottweiler Narr zu werden.*

Der Zug der Narren wird angeführt von einer Gruppe berittener Herolde und dahinter dem „Narrensamen", Kindern und Schülern im „Bajass". Vor der Stadtkapelle schreitet darauf der Narrenengel mit seiner Tafel und in einem Anzug mit den alten Stadtfarben Rot und Weiß; einst war ihm die Fahne der Rottweiler Zunft anvertraut. 1906 wiederbelebt wurde der Lange Mann, der mit dem Dicken Weib zu den in ganz Europa verbreiteten „Umgangsriesen" gehört.

Eine Einzelfigur ist ferner der Bettelnarr mit zerschlagener Larve, einem Katzenschwanz auf der Haube und nur einem Glockenriemen; er kümmerte sich in der alten Narrenzunft um die sozialen Belange der Gemeinschaft. Nicht zu vergessen ist schließlich der „Guller", eine Hahnengestalt mit Reiter, die Eitelkeit und Wollust verdeutlicht, wie sie angeblich in der „alten" Fasnet steckten.

Seit mehr als 100 Jahren bereichert der „Lange Mann“ die Rottweiler Fasnet und fasziniert die Jüngsten mit seiner Körpergröße.

Der Bettelnarr sammelte ursprünglich Gaben für die Armen und steht so für den sozialen Aspekt der Fasnet.

Seit einigen Jahren ist auch das ausgesprochen anmutige „Dicke Weib“ am Umzug dabei. Es heißt, es habe was gegen das Fasten...!

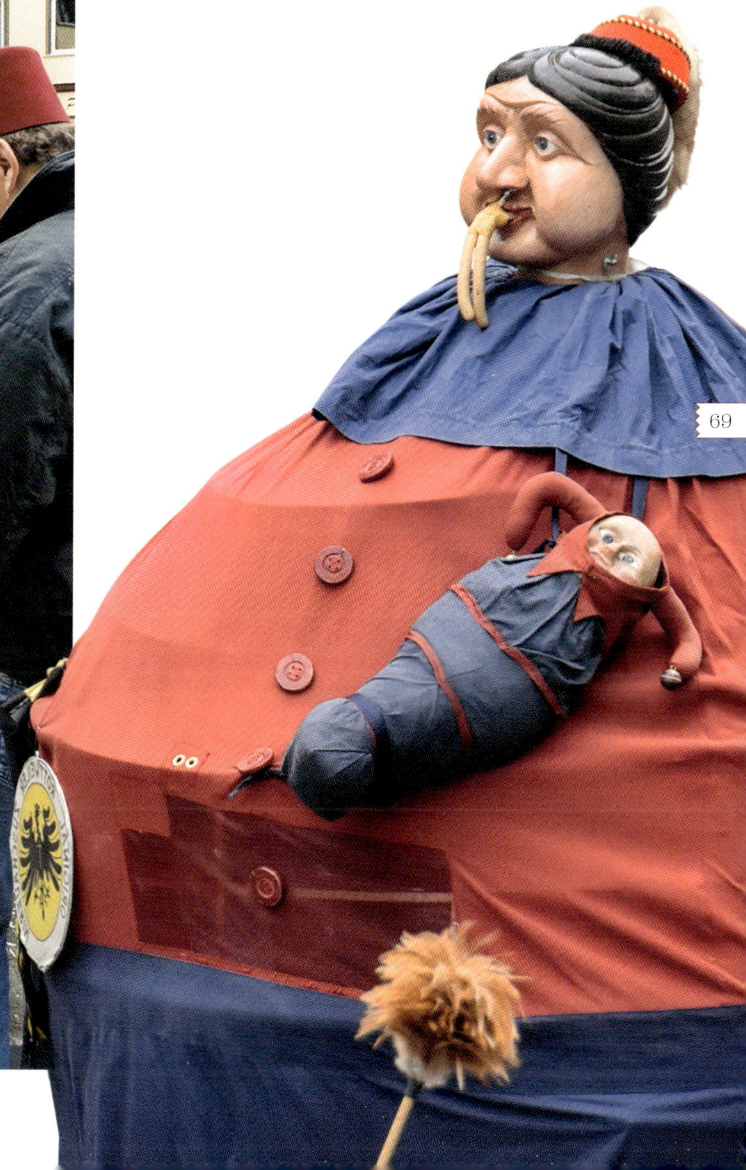

KÖPFE & FAKTEN

Die Verantwortung für die Rottweiler Fasnet trägt wie seit Jahrhunderten die Narrenzunft Rottweil. Seit 2020 wurde die seit Jahrzehnten übliche Narrenkarte, welche Mitgliederausweis und Teilnahmekarte am Narrensprung war, abgelöst durch eine Teilnahmekarte am Narrensprung und losgelöst von einer Mitgliedschaft in der Narrenzunft Rottweil e.V. Mit Stand März 2023 hat sie ca. 1600 Mitglieder. Die Narrenzunft wird von einer Vorstandschaft geleitet, die sich aus dem 1. und dem 2. Narrenmeister, dem Zunftschreiber und dem Zunftsäckelmeister zusammensetzt. Unterstützt wird die Vorstandschaft von einem Ausschuss, zu dem gut zwei Dutzend gewählte Narrenfreunde zählen. Vorstandschaft und Ausschuss der Narrenzunft bemühen sich gemeinsam und im Kontakt mit möglichst vielen Mitgliedern der Zunft und den Töchterzünften von Rottweil-Altstadt, Bühlingen und Zimmern o. R. um den Erhalt der traditionellen Rottweiler Fasnet. Der legendäre AVN, die Angehörigen früherer Vorstandschaften der Zunft, versucht, sie dabei von unbedachten Schritten abzuhalten.

Die Zunft richtet besonderes Augenmerk auf die annähernd 4000, fast durchweg in Privatbesitz befindlichen Rottweiler Narrenkleider und den Verlauf der Fasnet in den überkommenen Formen. 1974 hat sie begonnen, ein neues Narrenregister anzulegen. Bis heute informiert ihr Narrenkleider-Ausschuss außerdem an einem Abend in jedem Monat über Fragen im Zusammenhang mit der Fasnet. Dazu kommen weitere Aktivitäten im Lauf des Jahres, wobei dem Otto-Wolf-Abend am Tag vor Allerheiligen fast „kultische" Bedeutung zukommt. Seit ein paar Jahren ist die Zunft auch stolze Eigentümerin des Hauses Hauptstraße 1 am Schwarzen Tor, das sie saniert hat.

LITERATUR

Eugen Ritter, Rottweils Fasnacht einst und jetzt. Rottweil 1935; F. Garnier-Dupré, Le Fastnacht de Rottweil. Rottweil 1949; E. Scheerer, Fasnet in Rottweil. Ein Bildwerk. Rottweil 1964; Karl Lambrecht, Rottweiler Narren – Fibel. 2. erweiterte Aufl., Rottweil 1988; Werner Mezger, Fasnet in Rottweil. Geschichte und Gegenwart eines Brauchs. Stuttgart 1996; K. Lambrecht und W. Hecht, Die Rottweiler Fasnet – gesehen mit den Augen von Otto Wolf. Rottweil 2003; U. Hezinger, 100 Jahre Narrenzunft Rottweil. Rottweil 2003. H. Deck und S. Kratt, Die Rottweiler Fasnet. Tübingen 2011, H. Kleiter, Schau! Fasnet im Fenster. Narrenbücher und Handhebete. Rottweil 2017. J. Ruoß, G. Wilde und S. Kratt, Rössle eine Besonderheit der Rottweiler Fasnet, Rottweil 2022

DIE DERZEITIGE „SPITZE" DER ROTTWEILER NARRENZUNFT: NARRENMEISTER CHRISTOPH BECHTOLD, 2. NARRENMEISTER GEORG HAUSER, ZUNFTSCHREIBER FRANK HUBER UND ZUNFTSÄCKELMEISTER STEFAN ROTH IM TRADITIONELLEN BAUERNKITTEL: ZWEIFELLOS EINE DER TOLLSTEN VORSTANDSCHAFTEN, DIE ES JE GAB.

Die Narrenzunft Rottweil besitzt sogar ein (fast schuldenfreies) Zunfthaus. Wen wundert's: Es steht gleich neben dem Schwarzen Tor.

Mit Können, Geduld und – Ölfarbe werden die Kleider von Gschell und Biss gemalt, jedes Narrenkleid ein wenig anders als das nächste.

Bei solchen Klängen geht nicht nur allen Überlingern das Herz auf – nein, auch dem närrischen Volk in Elzach, Oberndorf und Rottweil – …wenn es sein muss, auch mal nach Aschermittwoch.

...UND DIE ÜBERLINGER FASNET

VON REINER RAMMELT

DIE GESCHICHTE

Die frühesten Belege zur Fasnet in Überlingen finden sich im Vormerkbuch des Ratsschreibers, das die aus dieser Zeit nicht mehr vorhandenen Ratsprotokolle in etwa ersetzt. Hier wird erstmals 1430 erwähnt, dass „Geld für Trommler und Pfeifer vom Rat der Stadt gewährt wurde". 1474 ist die Rede von der „Vasnacht Urtin (Gelage)". Im Ratsbuch der Stadt Überlingen von 1496 ist eine sieben Punkte umfassende Fastnachtsordnung wiedergegeben, die sich mit dem Küchlinholen, dem Blockziehen, dem Tragen des Teufelshäs, dem Werfen in den Brunnen und anderem befasst.

Die Häufigkeit der Vermerke über die Fasnet wechselt im Lauf der Jahrhunderte in den Ratsprotokollen stark. Einerseits erlosch das Begehren der Bürgerschaft nach Tanz, Schmaus und Lustbarkeit fast nie, andererseits war das Fasnetsbegehren doch vielen Schwankungen unterworfen, die meist wirtschaftliche oder politische Gründe hatten. Dem Begehren der Bürgerschaft nach Belustigungen an der Fasnet stand der Rat der Stadt meist sehr unfreundlich gegenüber und begründete die Versagung der Bewilligung mit einem vor Augen stehenden Blutbad oder der Pest oder gar, weil es im Vorjahr wenig Wein gegeben hatte.

Eine ganz wichtige Rolle in der frühen Überlinger Fasnet spielte offenbar das „Küchlinholen", und es gibt genug Hinweise, dass das Holen des Fasnetsküchleins zu einem ungezügelten, ja wüsten Heischerecht auszuarten drohte. Teils verbot der Rat der Stadt es ganz (vergl. Vasnacht Ordnung von 1496), teils genehmigte er es unter Freunden, jedoch nur bis abends 9 Uhr.

Schließlich gestattete der Rat das Treiben nur noch den Kindern, lockerte es aber später wieder zugunsten von Verwandten oder befreundeten Bürgern. Zum Ärger der Bürger hielt aber der Rat selbst am „Küchlinholen" beim Comtur der Mainau fest. Hierbei muss es recht unmäßig zugegangen sein, denn 1553 musste verordnet werden, dass keine „buchsen" und „trummen", also Büchsen und Trommeln, mitgenommen werden dürfen.

Chronika
der
Fastnacht
DES JAHRES 1884.
Worin denen, die nach uns,
kundgethan, wie wirs gehalten, ihnen zur
Aufmunterung, auf daß sie thun, wie ihre Väter
thaten.

1903!!!
Fastnacht
40 jähr. Jubiläumsfeier der
Gründung des Narrenbuches
verbunden mit Einweihung des Narrenbannes und
darauf folgendem brillantem Volksschauspiel
in einem Akt:
Ueberlingen will und muss
Gross-Stadt werden!
Frohsinn

Und während der Rat den Bürgern gebot, das Küchlin nur bei einem guten Freund zu holen und dann nur am Montag nach der Herrenfasnet, und auch da nur „beschaidenlich". Es gab nämlich auf der Mainau offenbar nicht allein Küchlein zu essen, denn, als der dortige Comtur einmal bei einem solchen Anlass krank war, schickte er dem Rat für das entgangene Küchlin zwei Kälber, ein Reh und zwanzig Hennen.

1802 schließlich kam Überlingen zum Land Baden, was einen tiefen Einschnitt im Leben der ehemals freien Reichsstadt darstellte. Die badischen Beamten hatten zunächst wenig Verständnis für das Fasnetsbegehren der Bürgerschaft. Dem Rat der Stadt wurde bald begreiflich gemacht, dass er fernerhin nichts mehr zu bestimmen hätte, und dass die Fasnet als eine Art Polizeisache nunmehr vom Bezirksamt geregelt würde. Daraufhin folgte eine Flut von Anordnungen, unter anderem auch eine Fasnetsordnung aus dem Jahr 1809. Die Revolution von 1848 brachte der Bevölkerung Badens eine etwas größere politische Freiheit, die sich dann sofort auch auf das Fasnetstreiben belebend auswirkte. Während 1862 bereits ein Narrenkomitee bestanden hatte, wurde 1863 der Bürgerverein Frohsinn gegründet, der die Überlinger Fasnet nun fest in die Hand nahm.

Mit Beginn des 1. Weltkrieges kam dann die Fasnet auch in Überlingen wieder vollends zum Erliegen. In den Zwanzigerjahren folgte ein heftiges Aufflackern, das aber schon bald darauf wieder durch den 2. Weltkrieg unterbrochen wurde. Gleich nach dem 2. Weltkrieg lebte die Fasnet wieder auf und zwar in einer Art, die durchaus schon als die heutige gesehen werden kann.

Die Narrenmutter Stefan Mayer und Narrenvater Achim Friesenhagen ziehen auf die Hofstatt ein.

Links Schwarz auf Weiß ist seit bald 200 Jahren festgehalten, was die Überlinger Narren jeweils munter gemacht hat.

VERLAUF DER ÜBERLINGER FASNET & IHRE FIGUREN

Schon als der Viererbund noch ein „Dreierbund“ war: mit Hänsele, Biss und Schuttig hat's an der Fasnet nie „Katze g'haglet“!

Der Dreikönigstag ist der eigentliche Beginn der neuen Fasnet. Punkt 12 Uhr ertönt auf allen Gassen und Plätzen das Schnellen der Karbatschen. Nun ist es nicht mehr zu verheimlichen, dafür sorgen die vielen Schneller, „ab etz goht's degege“.

Nun, was ist das Narrenkonzert? Im Wesentlichen besteht das Narrenkonzert aus von Narrenräten selbst geschriebenen kleinen Theaterstücken, die im Text lauter Überlinger Begebenheiten des vergangenen Jahres glossieren. Dass dabei Namen bekannter Überlinger Persönlichkeiten und Namen von Personen vorkommen, die sich im Laufe des vergangenen Jahres „etwas haben zuschulden kommen lassen“, ist, wenn man den Narren glauben darf, rein zufällig beabsichtigt. Jeder, ob Oberbürgermeister, Stadtrat oder sonst wer hört hier die Stimme der Narren; und die Narren sagen die Wahrheit, heißt es schon in einem bekannten Sprichwort. Das eine muss man den Narren bescheinigen, selbst die heikelsten Themen werden mit Anstand und sauber vorgetragen. Die Besonderheit am Narrenkonzert ist, dass nur Männer mitwirken, also auch alle Frauenrollen von Männern gespielt werden. Allein schon deshalb mangelt es nicht an Komik. Das Narrenkonzert ist also ein Narrenspiel mit viel Humor, Geist und hintergründigem Schalk.

Links *Die großen und die kleinen Überlinger Narreneltern beim Kindergartenumzug.*

Unten *Jedes Jahr wird das Symbol der Fasnet, der Narrenbaum, mit viel Brimborium neu aufgerichtet.*

Für Ordnung muss gesorgt werden; hier mit vollem Einsatz unser „Narrenbolle“ Peter Graubach.

AUF EINEN VOGELSCHNABEL ZURÜCKGEHEN KÖNNTE DER RÜSSEL DER ÜBERLINGER HÄNSELE. AUF ALLE FÄLLE LÄSST SICH DAMIT DIES UND DAS ANSTELLEN.

Der Schmotzige Dunschtig beginnt in aller Frühe, wenn heute die Mitglieder des Spielmanns- und Fanfarenzugs der Freiwilligen Feuerwehr Überlingen zum Wecken blasen. Auch schon zu früher Stunde begeben sich die Mitglieder des Überlinger Narrenrates in die einzelnen Stadtbezirke, um den Bürgern zu verkünden, dass die Fasnet nun endgültig begonnen hat. Nicht vergessen wird dabei, die Bürger zu ermahnen, die Arbeit einzustellen und sich auch dem Fasnetsvergnügen hinzugeben. Die Narreneltern gehen inzwischen auch zum Rathaus, um die Obrigkeit abzusetzen.
Ebenfalls am Vormittag findet der Umzug aller Überlinger Kindergärten statt. Es ist schon faszinierend, wenn sich Hunderte von Kindern wie ein Lindwurm durch die engen Gassen der Altstadt ihren Weg auf die Hofstatt bahnen. Wer diesen Umzug sieht, dem ist um den Fortbestand der Überlinger Fasnet nicht bang.
Nachmittags steigt dann ein großer Umzug, der sich vom Hänselebrunnen im Dorf durch die Stadt zur Hofstatt bewegt. Umständlich, nicht vorhandene Hindernisse beseitigend, wird der Narrenbaum von der Zimmermannsgilde durch die Stadt geschafft, von einer großen Kinderschar begleitet, an deren Spitze die Narreneltern in einem Landauer mitfahren.

Links *Schnellender Hänsele beim Hänselejuck*

Rechts *Die zentrale Figur der Überlinger Fasnet und bis in die Gegenwart ihre einzige, traditionelle Maske ist der Hänsele.*

Mittelpunkt dieses Umzugs am Schmotzigen Dunschtig ist der Narrenbaum, der anschließend auf der Hofstatt aufgestellt wird. Der Narrenbaum, in der Bodenseeregion typisches Fasnetssymbol, wurde in Überlingen erstmalig im Jahre 1856 aufgestellt. Der Narrenbaum ist eine etwa 28 bis 32 Meter lange Fichte, abgeastet und geräppelt (geschält). Als Narrenbäume eignen sich nur die schönsten, gerade gewachsensten Fichten. Am Abend des Schmotzigen Dunschtig wird der Narrenbaum in einer kleinen Zeremonie eingeweiht und Samstagmittag vor dem „Hänselejuck“ findet ein „Preiskarbatschenschnellen“ statt. Hier kann jeder zeigen, wie gut er den Umgang mit der Karbatsche beherrscht. Am Fasnetssamschtig, nach Einbruch der Dunkelheit, findet der „Hänselejuck“ statt. „Hänselejuck“ deshalb, weil der Hänsele nicht wie anderswo gemessenen Schrittes, sondern sich juckend bewegt. Die alten Türme und Tore und das altehrwürdige Münster werden bengalisch beleuchtet und geben so eine herrliche Kulisse. Der „Hänselejuck“ wird in dieser Form zwar erst seit 1962 durchgeführt, aber es erwies sich als richtig, die Nacht für diesen Umzug zu wählen, weil der Hänsele, genau wie der Elzacher Schuddig, eine dämonische Gestalt ist, die nur im Dunkel der Nacht voll zur Wirkung kommt.

ADMAN
1864

Am Fasnetssunntig wird jährlich ein großer Umzug veranstaltet. Voran die Jugendkapelle, dann die Hänsele und die Narreneltern, des Weiteren viele Fuß- und Wagengruppen. Hier wird nun in teilweise großartiger Form das Geschehen in der Stadt während des vergangenen Jahres glossiert. Witz und Humor stehen im Vordergrund.
Mitgeführte Wagen, Plakate und sonstige Utensilien sind nur Dekoration. Der Umzug selbst lebt vom Witz der Teilnehmer, die die Zuschauer mit hintergründigem Humor unterhalten.

Am Abend des Fasnetsmentig findet der Hemdglonkerumzug statt. Eine schier unüberschaubare Zahl von Narren zieht in Nachthemden topfdeckelschlagend durch die Stadt, um dann zum Abschluss den Narrenbaum gebührend zu feiern.

Links Ohne Musik geht auch beim Hemdglonkerumzug nichts.

Unter den wachsamen Augen eines Narrenrats beim Hemdglonkerumzug.

Links *Hoorig isch die Katz.*
Links (kleines Bild) *Die Narreneltern haben anspannen lassen.*

Seit einigen Jahren führt die Narrenzunft am Fasnetsdienschtig eine Fasnetsbeerdigung durch. Unter Wehklagen und mit schauerlich schöner Musik ziehen die Narren unter Mitführung einer Strohpuppe an den See und verbrennen diese dort. Ein wahrlich trauriger Akt. Allein der Gedanke, dass es ab Mitternacht wieder „degegegoht", mag den echten Narren trösten.

Dass zu allen Zeiten für besondere Anlässe besondere Musikstücke komponiert wurden, steht außer Zweifel. Bei über 500 Jahren urkundlich erwähnter Überlinger Fasnet kann es nicht verwundern, in unserer Stadt mehrere Märsche und Walzer zu finden. Im Überlinger Narrenmarsch glauben wir, eine Komposition der Barockzeit zu haben. Der „Laugelegumper" ist ein Marsch des späten 19. Jahrhunderts. In diese Zeit dürfte auch die Entstehung des Narrenwalzers fallen. Von allen drei Stücken ist der Komponist unbekannt. Beim Narrenschunkler kennen wir den Urheber. Es ist der ehemalige Städtische Musikdirektor Rudolf Siebold. Den Altewiebermarsch verdanken wir seinem Nachfolger Helmut Fetzer. Der Löwenmarsch stammt von Reiner Gumbl.

Der Fähnrich vor der Jugendkapelle.

Hänsele so weit das Auge reicht.

Da stürmen sie heraus aus dem Franziskanertor.

Schnurrender Hänsele: „Gell, du kennsch mi it?“

Links Der Hänsele hat Überlingen in Besitz genommen. Kann die alte Fasnetshochburg in bessere Hände kommen – für ein paar wundervolle Tage wenigstens?

Bei der bisherigen Beschreibung der Überlinger Fasnet wurde bewusst darauf verzichtet, auf die tragende Rolle des Hänsele, der lange Zeit einzigen Überlinger Maske, einzugehen, weil dieser Hänsele doch einer genaueren Darstellung würdig ist. Vorweg sei gesagt, dass es über die Herkunft des Hänsele viele Deutungen, aber leider wenig konkrete Hinweise gibt.
Erstmals taucht der Name Hänsele im Jahre 1766 in der Überlinger Schwerttanzchronik auf, da die Schwerttanzkompanie sich ein neues Hänselekleid machen lassen will. Bereits 1769 hat der Rat der Stadt verordnet, dass der Hänsele nach dem Beth-Läuten nicht mehr herumlaufen dürfe, andernfalls er in Arrest genommen würde. In einer weiteren Verordnung wird dann verkündet, dass das unanständige Schnalzen verboten sei. Damit war das Schnellen mit der Karbatsche, wie es heute von den Hänsele so fleißig geübt wird – und auch nicht immer auf Gegenliebe stößt – gemeint. Nun könnte man also vermuten, dass der Hänsele erst etwa 1766 in Überlingen aufgetaucht sei, weil er vorher nirgends erwähnt ist. Nach der Chronik der Schwerttanzkompanie hat diese aber das Hänselekleid machen, d. h. erneuern lassen, sodass angenommen werden muss, dass der Hänsele zumindest schon seit 1646, also seit der Einführung des Schwerttanzes, in Überlingen ansässig war.

Ralf Ochs und die Stadtkapelle in ihrer „historischen“ Uniform.

Der Vorstand der Hänselezunft:
Christian Filip – Stellvertretender
Uwe Wolfensperger – Hänselevater
Helmut de Francisco – Schriftführer
Jens Choinowski – Kassier

Der Rat der Stadt war dem Hänsele nicht sehr wohlgesonnen. Als der Hänsele dann anno 1789 auch noch zu schellen anfing, war der Rat so erbost, dass er dem Hänsele das Auftreten verbot. Streng unterschied der Rat auch zwischen dem Hänsele und anderen „honetten Masceraden". In den Augen des Rates war also der Hänsele nicht geziemend und er versuchte immer wieder, ihn und vor allem den „Unfug" des Schnellens zu verbieten. Doch trotz aller Verbote und Strafandrohungen lebt der Hänsele so munter, gesund und zäh weiter wie kaum eine andere Maske.

Wie sieht der Hänsele heute aus? Das Kostüm besteht aus einem overallartigen Kleidungsstück aus weißem Leinenstoff. Auf diesen Leinenstoff werden quer, rundherum gelegte Filzstreifen genäht, die eingeschnitten werden. Die vorherrschende Farbe ist Schwarz und nur alle drei Reihen werden bunte Filzstücke in den Farben Rot, Grün, Gelb, Blau verwendet. Die Kapuze, einem Topfhelm ähnlich, wird in denselben Farben hergestellt. Diese Kapuze hat brillenartige Augenlöcher die wie auch die schwarzen Filzstreifen mit Metallplättchen, Flitter genannt, gesäumt werden. Die Nase, ein etwa 30 bis 40 cm langer Rüssel, wird aus schwarzem Samt gefertigt. Als Abschluss trägt dieser eine rote Quaste. Am Hinterkopf der Kapuze ziert den Hänsele ein stattlicher Fuchsschwanz. Außerdem sind an den Hosenbeinen Glöckchen angenäht. Bemerkenswert ist, dass der Überlinger Hänsele eine reine Männermaske ist.
In der Hand trägt der Hänsele seine Karbatsche. Der Hänsele knallt mit dieser Karbatsche nicht, er versteht es zu schnellen. Die jungen Überlinger fangen schon mit sechs bis acht Jahren an zu üben, denn das Schnellen mit der Karbatsche will gelernt sein.

Der Überlinger Hänsele ist eine noble Figur und mit derselben Noblesse begegnet er den Zuschauern. Ein richtiger Hänsele wird nie die Grenzen des Anstandes verletzen oder sich sonst ungebührlich benehmen. Die Vornehmheit des Kleides überträgt sich hier auf den Träger.

Links *Die ersten Überlinger Narreneltern (1875): Narrenvater Ludwig Stefan und Narrenmutter Alexander Lauterwasser.*

Oben *Alles hat ein Ende – Fasnetsverbrennung.*

LITERATUR

H.-P. Fräntzki: „Überlinger Fasnet von 1496 – heute", unveröffentlichtes Manuskript 1988.

H.-P. Fräntzki, R. Rammelt: „Überlinger Fasnet von 1430–2000", Heidelberg 2000.

W. Kutter: „Schwäbisch-alemannische Fasnet", 2. Aufl., Salzburg 1984.

KÖPFE & FAKTEN

Die Durchführung der Überlinger Fasnet liegt, seit es organisierte Fasnet gibt, bei der Narrenzunft. Sie ist seit vielen Jahren ein eingetragener Verein. Erster und Zweiter Vorsitzender sind die Narreneltern, die von den etwa 60 Narrenräten jeweils auf fünf Jahre gewählt werden. Dem Vorstand gehören der Säckelmeister und der Narrenschreiber an. Im erweiterten Vorstand ist der Hänselevater (er wird von den etwa 1600 Hänselen gewählt). Ferner gehören ihm die Verantwortlichen für die Straßenfasnet, das Narrenkonzert, die Pressearbeit sowie die Archivare und fallweise weitere Narrenräte an.
Abteilungen der Narrenzunft sind die Hänselezunft mit etwa 1600 Mitgliedern, an deren Spitze der Hänselevater mit einem eigenen Vorstand steht, und die Zimmermannsgilde mit ihrem Gildenmeister.
Die Zunft hat in der Turmgasse ihre Zunftstube.

Unter der schweren fastnächtlichen Last seufzen (von links):
Stefan Mayer, Narrenmutter (erster Vorsitzender)
Achim Friesenhagen, Narrenvater (stellvertretender Vorsitzender)
Uwe Stett, Säckelmeister
Tankred Kauf, Zunftschreiber

OBERNDORF

Matthias Winter, Bürgermeister

„Der Tag der ist so freidereich“

Dieser alte Ruf der Narren wird sicherlich auch beim Narrentag 2024 in unserer Stadt erklingen. Die Zünfte aus Elzach, Überlingen, Rottweil und Oberndorf am Neckar feiern bereits seit 1963 gemeinsam und bewahren die Tradition der schwäbisch-alemannischen Fasnet.
Die Fasnet gehört zu Oberndorf wie der Neckar, den die Stadt im Namen trägt. Mein herzlicher Dank gilt allen, die zum Gelingen der närrischen Tage beitragen. Ich heiße die Mitglieder des Viererbundes und alle, die den Narrentag 2024 mit uns feiern, sehr herzlich in Oberndorf am Neckar willkommen – auf freidereiche Tage!

ELZACH

Roland Tibi, Bürgermeister

Der Viererbund ging 1953 aus einer Protestgruppe aus den Reihen der Gründerzünfte Elzach, Rottweil und Überlingen und Oberndorf hervor. Seit 1953 wurden 20 Treffen, die Narrentage heißen, abgehalten. In Oberndorf findet nun das 21. Treffen statt. Ich selbst werde dann zum 16ten Mal teilnehmen. Für viele Narren, wie für mich selbst, sind diese Treffen – im drei- bis vierjährigen Rhythmus abgehalten – absolute Höhepunkte im fastnächtlichen Dasein.

Über all die Jahre ist ein familiäres Verhältnis entstanden. Die Menschen der vier Städte pflegen seit vielen Jahren enge, freundschaftliche Kontakte und Begegnungen. Damit zeigt sich für mich: Auch nach 61 Jahren ist der Viererbund lebendiger und frischer denn je und aus der Welt der Oberndorfer, Rottweiler, Überlinger und Elzacher nicht mehr wegzudenken.

ROTTWEIL

Dr. Christian Ruf, Oberbürgermeister

Per Handschlag wurde und wird immer noch der Viererbund besiegelt. Im Jahr 2015 bekräftigten die Zunftmeister der Narrenstädte Elzach, Oberndorf, Überlingen und Rottweil nochmals diese Abmachung, alle drei bis vier Jahre zusammen im Viererbund den Narrentag zu feiern. Seit 1958 zelebrieren die vier Städte gemeinsam diese besonderen Tage. Viele Freundschaften und unzählige glückselige Erinnerungen sind in den Jahren seither entstanden. Das traditionelle und historische Brauchtum liegt den Akteuren hierbei sehr am Herzen und war Anlass für die Gründung des Bundes. Die Narrentage sind für die Bürgersleute aller vier Städte herbeigesehnte und freudig begangene Feste, bei denen ich allen viel Freude wünsche.

ÜBERLINGEN

Jan Zeitler, Oberbürgermeister

Die Fasnet ist ein bedeutender Teil der Identität unserer ehemaligen Freien Reichsstadt. Der Viererbund als Vereinigung zwischen den Zünften Elzach, Oberndorf, Rottweil und Überlingen gehört zur gelebten Tradition dieser fünften Jahreszeit. So fand der erste Narrentag noch vor dem offiziellen Zusammenschluss, der 1963 per Handschlag besiegelt wurde, schon 1958 in Überlingen statt – damals allerdings noch ohne Oberndorf. Und auch den letzten gemeinsamen Narrentag durfte Überlingen 2020 im Rahmen ihres 1250-jährigen Stadtjubiläums feierlich ausrichten, bevor die Pandemie die Fasnet für zwei Jahre nahezu lahmgelegt hat. Nun ist das normale Leben wieder zurück und wir freuen uns auf ein Wiedersehen und gesellige Tage des Brauchtums beim nächsten Narrentreffen der vier Zünfte im kommenden Jahr 2024 in Oberndorf.

UNSERE NÄRRISCHEN TERMINE

AUCH NÄRRISCHE TERMINE KÖNNEN SICH ÄNDERN.

ELZACH

Schmotziger	15.00 Uhr Kinderumzug
Sonntag	12.00 Uhr Ausrufen der Fasnet
	15.00 Uhr Schuttigumzug
	20.00 Uhr Fackelumzug
Montag	5.00 Uhr Taganrufen
Dienstag	15.00 Uhr Großer Schuttigumzug

OBERNDORF

Sonntag	14.30 Uhr Kinderumzug
Montag	14.30 Uhr Rammeln
Dienstag	8.30 Uhr Historischer Narrensprung
	14.30 Uhr Zweiter Narrensprung

ROTTWEIL

Sonntag	11.45 Uhr Proklamation
	14.30 Uhr Bajass-Umzug
Montag	8.00 Uhr Historischer Narrensprung
Dienstag	8.00 Uhr Historischer Narrensprung
	14.00 Uhr Narrensprung

ÜBERLINGEN

Schmotziger	14.30 Uhr Umzug und Narrenbaumstellen
Samstag	19.00 Uhr Hänselejuck
Sonntag	14.30 Uhr Umzug
Montag	19.00 Uhr Hemdglonker
Dienstag	22.00 Uhr Fasnetsbeerdigung

SPONSOREN

Stadt Elzach
Hauptstraße 69
79215 Elzach
Telefon +49 7682 804-0
Telefax +49 7682 804-55
stadt@elzach.de
www.elzach.de

Landratsamt Rottweil
Königstraße 36
78628 Rottweil
Telefon +49 741 244-0
Telefax +49 741 244-208
info@landkreis-rottweil.de
www.landkreis-rottweil.de

Stadtverwaltung
Überlingen
Münsterstraße 15–17
88662 Überlingen
Telefon +49 7551 99-0
Telefax +49 7551 99-1411
rathaus@ueberlingen.de
www.ueberlingen.de

Stadt Oberndorf a. N.
Klosterstraße 3
78727 Oberndorf a. N.
Telefon +49 7423 77-0
Telefax +49 7423 77-2111
Stadt@Oberndorf.de
www.oberndorf.de

Stadt Rottweil
Hauptstraße 23
78628 Rottweil
Telefon +49 741 494-0
Telefax +49 741 494-355
stadt@rottweil.de
www.rottweil.de

IMPRESSUM & BILDNACHWEIS

GRAFIK

Diana Dörfl, Konstanz
www.doerfl-multivitamine.de

KONZEPTION

Dr. Winfried Hecht, Rottweil

KOORDINATION

Sabina Kratt, Rottweil
www.buch-klein.de

REPRODUKTION/VORSTUFE

immedia[23], Stuttgart
www.immedia23.de

VERLAG & VERTRIEB

Stadler Verlagsgesellschaft mbH
Max-Stromeyer-Straße 172
78467 Konstanz
www.verlag-stadler.de

2. überarbeitete Auflage 2023

ISBN 978-3-7977-0782-6

BILDNACHWEIS

Archiv der NZO/Danner, M.; Seiten: 4 (2. Bild v. li.), 32, 42, 43, 44, 45, 49 (u.). Archiv der NZO/Digiser, A.; Seiten: U1, 48. Archiv der NZO/Meier, F.; Seiten: 38, 39, 40, 41. Archiv der NZO/Rachel, Kai; Seiten: 51. Archiv der NZO/Seidel, E.; Seiten: 49 (o.). Archiv der NZO; Seiten: 34, 35, 36, 37, 46, 47, 50. Archiv NZE/Fischer H.-P.; Seiten: 4 (1. Bild v. li.),14. Archiv NZE; Seiten: 16, 17, 19, 24, 25 (li.), 27 (re.), 28, 30. Bayer, Nikolaus; Seiten: 26 (li.), 27 (li.). Eckert, Werner; Seiten: 75, 78, 80, 83, 84, 85, 86, 87 (li.), 88, 89, 90 (re.), 91. Fackler, Bernd; Seiten: 26 (re.). Fischer, H.-P.; Seiten: 13, 16, 18, 20, 21, 23, 25 (re.), 31. Fräntzki, Heinz- Peter; Seiten: 79, 81, 82. Hezinger, Uli; Seiten: 9, 65 (o. re.), 70. Kratt, Sabina; Seiten: 2, 4, (3. Bild v. li.) 7, 11, 53, 55, 58, 59, 60, 61, 62, 63, 64, 65 (l., re. u.), 66, 67, 68, 69, 71, 74, 77, U4 (3. Bild v. li.). Krumm, Erwin; Seiten: 22. Pressestelle Rathaus Überlingen; Seiten: 93 (re.). Rammelt, Brigitte; Seiten: 87 (re.). Schulze, Barbara; Seiten: 4 (4. Bild v. li.). Schurgelies, Arno; Seiten: 18 (u.). Stadt Elzach; Seiten: 92 (li.). Stadt Oberndorf/Kiehl, Thomas; Seiten: 92 (re.). Stadt Rottweil; Seiten: 93 (li.). Stadtarchiv Elzach; Seiten: Vorsatz (li.). Stadtarchiv Oberndorf; Seiten: Vorsatz (re.). Stadtarchiv Rottweil; Seiten: 7 (re.), 52, 54, 56, 57, Nachsatz (li.). Stadtarchiv Überlingen; Seiten: Nachsatz (re.).

Rotwÿl.